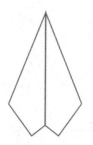

好爸爸的八堂课

写给爸爸的积极成长手册

鲁鹏程◎著

化学工业出版社
·北京·

图书在版编目(CIP)数据

好爸爸的八堂课 / 鲁鹏程著. -- 北京：化学工业

出版社，2024.10. -- ISBN 978-7-122-46022-6

Ⅰ. G78

中国国家版本馆CIP数据核字第2024WP7246号

责任编辑：王冬军　　　　　　　　装帧设计：水玉银文化
责任校对：李露洁

出版发行：化学工业出版社（北京市东城区青年湖南街13号　邮政编码100011）
印　　装：三河市双峰印刷装订有限公司
880mm×1230mm 1/32　印张 8 $\frac{1}{4}$　字数 177千字　2025年1月北京第1版第1次印刷

购书咨询：010-64518888　　售后服务：010-64518899
网　　址：http://www.cip.com.cn
凡购买本书，如有缺损质量问题，本社销售中心负责调换。

定　价：39.80元

目 录

第三堂课
一位合格的爸爸
只负责养家吗

第四堂课
学会在孩子面前
"包装"自己

爸爸如何平衡
事业与家庭

不买学区房，也能让孩子
"起跑线"不落后

**将父亲的力量传递
给孩子**

**角色定位：好爸爸的
前提是什么**

引　言

教育孩子，绝不仅仅是妈妈单方面的责任，爸爸也应该积极参与其中。

蒙学经典《三字经》开篇就说，"养不教，父之过"，说的是爸爸对于孩子的教育作用、教育责任重大。就是说，父爱并不只是生养孩子这么简单，父爱应该更多地体现在对孩子的教育和关爱上。爸爸的这份关爱，首先应该真正地付出，还要让孩子感觉得到。如果孩子感觉不到父爱的话，就是爸爸的失职。

其实，我还想在"养不教，父之过"的基础上再补充一句，那就是"养不陪，父之错"，生养了孩子，而不去用心、深度地陪伴他①，那就是爸爸的过错。所以说，如果一个爸爸真想见证孩子的成长，真想给孩子最好的父爱，还是要好好陪伴孩子。

孩子的成长，爸爸不能缺席。

研究表明，爸爸在育儿这件事上的参与程度越高，对孩子的人格形成以及大脑发育就越有益，同时，孩子性格、体格和情感的形成与发展也会受爸爸影响。如果孩子很少与爸爸在一起，就容易患

---

① 为阅读方便，本书统一用"他"通称孩子，既指代男孩，也指代女孩，特此说明。——编者注

上"父爱缺乏综合征"，体重、身高、动作等发育迟缓，可能还会有情感或性格障碍，如焦虑、懦弱、胆小、孤僻、自卑、自控力差等。

孩子的成长既需要母爱，也需要父爱。母爱不能替代父爱，父爱也不能替代母爱。爸爸如果能够走近孩子，给孩子爱，就会让孩子的智力、体格、情感、性格等向好的方面发展，也会让孩子变得独立、理性、坚强、情绪更稳定……当然，孩子也会有足够的安全感。

美国儿童心理学家阿诺德·格塞尔（Arnold Gesell）曾指出："失去父爱是人类感情发展的一种缺陷和不平衡。"如果缺失父爱，孩子就容易产生恋母情结，而且不容易转变。实际上，父爱缺失是孩子成长过程中的隐痛，是家庭教育的缺陷，会给孩子的一生带来无法弥补的遗憾。所以，每一位爸爸都应该陪孩子、懂孩子、正确地爱孩子，不要让孩子成为"精神孤儿"。

英国牛津大学曾以 1958 年出生的 17000 名孩子为对象，对他们从出生到 33 岁的发育成长全过程进行跟踪研究，结果发现，在那些有爸爸积极参与其教育和发展的家庭中长大的孩子，无论是在学习上还是在社会生活和婚姻生活中，都比其他孩子更胜一筹。

美国耶鲁大学的研究者也曾进行过一项长达 12 年的类似跟踪研究，结果显示，得到父爱的孩子往往学习成绩更好，走向社会后也更容易成功。

可见，爸爸积极参与孩子的教育，会让孩子变得更优秀。

其实仔细分析一下就可以知道其中的原因。爸爸在真心陪伴孩子时，孩子能感受到爸爸身上散发出来的更丰富、更深沉、更稳定的情绪。爸爸陪伴孩子更注重通过游戏、运动等方式让孩子体验到成长的快乐。另外，爸爸的一句鼓励、一句肯定、一句赞扬，都会给孩子莫大的鼓舞。所以，在与爸爸相处的过程中，孩子会体验到积极正向的情绪波动。

和妈妈一样，爸爸也应该是教育者，爸爸这个角色任重而道远。每一位爸爸都应该把做"好爸爸"当成"终生的事业"。要永远把"孩子的利益"放在第一位，不要因职场奋斗、生意买卖而耽误。赢了事业，赚了家业，输了教育，孩子败家，最终则会满盘皆输。只有赢了教育，培育好了下一代，才会尽显家庭的荣光，"爸爸"这个称呼才真的伟大。

有人说："一个好父亲胜过100个好老师。"还有人说："一个好父亲胜过100个好校长。"胜过教师也好，胜过校长也罢，可能有些夸张，但足见爸爸对于孩子的重要性。如果爸爸们能带着"永远把'孩子的利益'放在心里"的信念出发，那就一定能成为好爸爸，在教育孩子这件事上不让自己"边缘化"。

所以，爸爸们不要再做孩子教育的"二线"辅助者，而应该迅速投身到"一线"中来，把自己"炼"成孩子成长道路上的又一位人生导师。

那么，如何做一个合格的好爸爸呢？只要想学，就一定有方法。本书从"为什么爸爸的'有效期'只有10年""爸爸缺席，会导致孩子性别角色异化""一位合格的爸爸只负责养家吗""学会在孩子面前'包装'自己""爸爸如何平衡事业与家庭""不买学区房，也能让孩子'起跑线'不落后""将父亲的力量传递给孩子""角色定位：好爸爸的前提是什么"八个方面，有理有据有案例，全面阐述了"炼"成好爸爸的实用方法。

另外需要特别说明的是，在一个小家庭中，父母都是孩子的第一教育者，所以，本书虽然主要说的是"爸爸"，但其实也包含了"妈妈"。书中提到的一些方式方法，妈妈可能已经在实际使用了。在教育子女方面，作为爸爸的老师和引领者，她当之无愧！

愿天下更多的爸爸能从这"八堂课"中受益，真正成为孩子眼中的好爸爸，不急躁，不吼叫，有耐心，有方法，有智慧，把孩子培育成才！

鲁鹏程

2024 年 6 月

第一堂课

为什么爸爸的"有效期"只有 10 年

爸爸还有"有效期"？是的，爸爸的确有"有效期"，且时间并不长。这并不是说爸爸这个身份有"有效期"，而是孩子对爸爸的"有效需求时间"相当短。如果你在孩子最需要你的时候没有让他获得满足，那么一旦"有效期"结束，他将可能不再"需要"你。

一个小女孩的疑问：要爸爸还有什么用？

《诗经·小雅·蓼莪》中曾说："哀哀父母，生我劬劳。"《史记·屈原列传》中也讲："父母者，人之本也。"简单的两句话，把父母的不易与重大作用说得清清楚楚。对孩子而言，父母是影响他一生的人，正如《礼记》中所讲，"士、庶人有善，本诸父母"，是说普通人有了好德行、取得了好成绩，应该归功于父母的教育。可见，父母对孩子的影响之深。

"父母"本应该是相提并论的两个人，然而现在却有一个现状不容忽视，就是在一些由一对夫妻及未婚子女组成的核心家庭中，似乎凑不齐"父"与"母"这两个角色，家中随处可见的只是妈妈的身影，爸爸则可能只存在于家外或孩子睡下之后的家中。

要知道，孩子既需要妈妈的爱，也需要爸爸的爱。遗憾的是，在很多孩子的眼里，爸爸的存在却并不清晰。孩子感受不到爸爸的爱，由此他就会认为爸爸是没有用的。

我曾听到一对母女间的一段对话，也许可以说明这个问题。

有一对母女聊天，只有四五岁的小女孩问妈妈："妈妈，我是您生的吗？"

"当然！"妈妈觉得答案毋庸置疑，"你当然是我生的。"

小女孩想了想，接着又问："那哥哥呢？哥哥是谁生的呢？"

　　妈妈被逗笑了："傻孩子，哥哥当然也是我生的。"

　　小女孩却没笑，她皱着眉头疑惑地说："我和哥哥如果都是妈妈生的，那要爸爸有什么用呢？"

　　这看起来就像是一个小笑话。可是，作为爸爸，你能笑得出来吗？可能还会有一丝愧疚涌上心头吧！相信，这个对话能引发你的思考。

　　心理学家用"依恋"来描述"爱"，想要让孩子产生"依恋"的一个最基本前提，便是频繁出现在他面前，成为他所熟悉的照顾者。

　　当这个小女孩问出"要爸爸有什么用"的时候，相信每个人都能从中察觉到一点——孩子应该是经常见不到爸爸，或者爸爸在她生活中没有发挥什么值得她记住的作用，以至于她对于"爸爸"这个存在的作用也产生了怀疑。

　　对于孩子来说，谁照料他，他就将与谁产生特定的关系，这种关系也影响着他们决定要相信谁。显然，这个发出疑问的小女孩更相信妈妈，妈妈是生养她的人，她还没出生时就和妈妈是一体的，所以她能全方位感受到妈妈在她身边所发挥的巨大"作用"。但爸爸就不一样了，爸爸用长久的缺席消磨掉了孩子对他的依恋，只换来孩子嫌弃的一句"有什么用"。

　　是啊！爸爸有什么用呢？这确实是个问题。

　　国外曾经有人进行了一次街头随机采访，采访对象都是爸爸与上小学的孩子，他们的表现可能也诠释了爸爸的一项"作用"。

　　第一位爸爸表示自己与儿子很亲近，是一个"在孩子成长中很投入的家长"，然而当被询问"儿子最要好的朋友都有谁"时，他笑着说："这真是个好问题，但我还真不知道。"

第二位爸爸被要求说出女儿的小学数学老师的名字，但女儿却否定了他说出来的老师的名字。

第三位爸爸面对"说出孩子学校的校长名""孩子的鞋子是几号"等问题时一律表示不知道。

而当记者将同样问题问向孩子们的妈妈时，妈妈一连说出了四个孩子老师的名字，就连他们的儿科医生、牙医的名字也如数家珍，至于其他，妈妈一个接一个说出来，无一有错。

对与自己有亲密血缘关系的孩子，这些情况爸爸却一无所知，堪比陌生人。然而这种情况可不只是国外才有，如果你是一位爸爸，请立刻说出你孩子的好朋友姓名、鞋码、班级、老师姓名……你做得到吗？你说得对吗？还是说，你需要去找孩子妈妈确认一下？

2023年2月的一天，某市一家幼儿园放学时别出心裁，要求家长找到孩子的鞋子才能把孩子接走。面对满操场的鞋子，妈妈们都是"稳准狠"，一眼找到，拿起就走。可爸爸们却在这些鞋子间来回穿梭，脸上写满了问号，拿起来也不确定是不是，有的爸爸不得不和妈妈视频通话，询问妈妈孩子今天穿了什么鞋，或者干脆开着视频让妈妈帮忙寻找。

中国爸爸们这种熟悉的"陌生感"，是不是和外国爸爸在孩子面前的表现没什么区别？也许正是这样，孩子才会在内心排序，将爸爸放在了并不重要的位置上。

有一种很多人都熟悉的家庭相处模式，就是孩子遇到事情时，都会先喊"妈妈"，就算先找到了爸爸，那他开口说的也是："爸，我妈呢？"

一个男孩受了伤，放学回家进门先看到爸爸，一声不吭，一脸平静，但在看到妈妈的那一刹那，男孩眼泪直接滚了下来，哭着告诉妈妈自己受了伤。

人只有在信任的人面前才可能展露真实的情绪，孩子们对于妈妈的信任几乎深入骨血，甚至不需要酝酿，可面对爸爸却不是，他选择伪装，选择展现自己"坚强"的一面。也许不是孩子不选择，而是爸爸的作用正在家庭中慢慢变得隐形，让孩子无从感受与关注。

多年前，某报纸曾刊登过一篇关于"父教缺失"的专访，专访前该报社会调查中心做了一项网络调查，结果显示有 60.7% 的人认为当时的孩子缺失父教，在专访中也提到"父教缺失是我们社会很大的隐患"。

那么时至今日，新一代爸爸们还是如此吗？"爸爸的作用正在变得隐形"真的是一个不可逆的趋势吗？

2022 年，某大型网络媒体针对"90 后"爸爸们也做了一项调研，整理出《当 90 后成为父亲：新一代父亲的理想形象与现状报告》。

报告显示，新一代的爸爸们在观念上的确有了变化：90 后眼中理想父亲形象关键词的前三位，分别是"顾家""包容""善于沟通"；超六成的 90 后认为，年轻人成为父亲后，在工作与家庭中，应该更倾向于家庭；90后也认为，父亲有承担家务的义务，他们肯定全职母亲的劳动，并对"丧偶式育儿"说"不"。

然而，虽然观念进步了，但在实际行动方面，在实践的细节方面，新一代的爸爸们依然表现不佳。

报告中指出，"在育儿方面，从起居照料、学习教育，到娱乐玩耍、杂物清洁，妈妈的比例都远高于爸爸和长辈"，爸爸的占比几乎都低于20%。

47%的家庭由妈妈主要负责育儿，5.7%的家庭由爸爸主要负责育儿，25.7%的家庭夫妻共同育儿，21%的家庭由他人（如长辈、保姆等）主要负责育儿。仅就陪伴这一点来说，90后爸爸每天陪伴孩子的时长更多在1~2小时（占30.3%）。

再说回到观念，90后爸爸们观念的进步似乎也没有那么全面。

报告数据显示，超三成的男性认为育儿是女性的天然职责，但认同这一观点的女性不到两成；超过五成的男性认为在外工作赚钱是父亲的天然职责，而认同这一观点的女性仅有四分之一。

整体来看，新一代的爸爸们处于一种很"拧巴"的状态，他们从观念上认可育儿的价值，也有了普遍的共识和进步，可传统观念却很难更改，且实际行动也依然没有太大的进步。

可见，"爸爸的作用确实正在变得隐形"，所以，做爸爸的不仅要在"育儿"思想上进步，还要在"育儿"行动中蜕变。

2022 年 1 月，《家庭教育促进法》正式施行，以此来督促未成年人的父母或其他监护人负责实施家庭教育，其中就指出父母应该"亲自养育，加强亲子陪伴"以及"共同参与，发挥父母双方的作用"。

小女孩疑惑"爸爸有什么用"，爸爸们也不妨这样问问自己以下几个问题：

　　身为爸爸，我应该发挥什么作用？

　　我在这个家里发挥过什么作用？

　　我和孩子妈妈应该怎样协调，才能各自发挥有效的作用？

　　在爸爸这个角色上，我应该怎样进一步去完善？

　　我应该如何努力去改变当下这个"令人不满意"的现状？

"爸爸去哪儿了"不应该成为我们不好回答的问题，更期待每一位爸爸都可以理直气壮地说出："我就在这儿，我见证并参与孩子的成长。我们彼此了解，亲密无间。"

前路任重道远，目标精准明晰，观念有所进步，现在可能"只欠东风"，"行动起来"就是那东风。那么就行动起来吧，脚踏实地，持续努力，让自己成为一个"真正有用"的爸爸。

养不教，父之过；养不陪，父之错

"养不教，父之过"，这句话出自《三字经》，字面意思很容易理解，作为一位有眼界、有格局、理性思考的父亲，对孩子理应肩负起引导教育的重要责任，但若是只知道好吃好喝供养孩子，少了引导教育的环节，那自然就是父亲的失职。

可就算如此简单的道理，现如今很多爸爸也并没有意识到它的重要性，他们恰恰扮演的就是"有过之父"的角色，对待孩子只供养吃穿，其他一应事项很少关注，甚至从不过问。

这样的爸爸有一个最大的特点，那就是与孩子的相处往往都并不愉快，要么是经常不在家，很少与孩子碰面；要么是与孩子在一起只是玩一玩、逗一逗，做些没有太大意义的事；要么则是只会在孩子犯错的时候冒出来，展现身为父亲的"权威"。他们做不到好好陪伴孩子，满足不了孩子最基本的陪伴需求，自然也就更谈不上引导教育了。

所以，这样的爸爸既体现了"养不教，父之过"，同时还体现了"养不陪，父之错"。

可能有的爸爸会觉得委屈，因为即便是"好吃好喝供养孩子"也不是容易的事，也需要努力工作挣钱才能实现，很多爸爸的工作动力本就是"为了让家人，尤其是孩子能过上更好的生活"，这样为了生活的努力怎么还是错呢？

也许，换个角度来看这个问题就能知道它是不是合适了。

2023年6月1日，最高人民检察院发布的《未成年人检察工作白皮书（2022）》显示，2022年检察机关共制发"督促监护令"57425份，同比上升197.1%。

什么是督促监护令？就是检察机关在办理涉及未成年人案件中，发现监护人存在管教不严、监护缺位等问题，影响未成年人健康成长，导致未成年人违法犯罪或受到侵害时，督促、引导父母对孩子履行监护人应尽的职责和义务，保障被监护人的合法权益，向监护人发出依法履行监护职责的检察工作文书。

所有父母都应该对此引起重视，而相比较对家庭付出更多的妈妈来说，长期缺位的爸爸更应该注意这一点，那么现在再谈"养不教""养不陪"，其严重性也就不言而喻了。

在当下这个忙碌的时代，我们不否认成年人的忙碌，想要好好生活，想要更好的生活，的确都需要更努力地付出。然而，当这份忙碌是要以牺牲家庭、牺牲孩子为代价的时候，这就是值得思考和衡量的事情了。

而且，从行为心理学的角度来说，养育者施加给孩子的一种成长环境，会促使很多倾向影响一直延续下去，使得孩子形成一种比较固定的性格特征和行为习惯，且日后很难改变。

也就是说，如果爸爸长期不在，孩子就会慢慢习惯家中只有妈妈的日子，习惯这种"单亲"教养模式，在很多问题上，他也会习惯于去求助、咨询妈妈，而对爸爸偶尔才有的任何方式的教育都可能不接受、不采纳，也就是很多爸爸认为的"我孩子怎么不听我话"，这其实就是行为累积的结果。

更严重的后果是，孩子将会延续父母养育他的方式去养育自己的孩子，将这种"亲子相处"模式延续下去，这种类似于"传承"的影响才是更可怕的。

实际上，除非是那些特殊的岗位，否则大多数的爸爸都不必要忙成那个"不着家"的样子，很多工作基本上并不需要连轴转到连家都回不去。更何况，孩子想要爸爸陪伴的需求合理且必要，如果这个需求没有得到父母的满足，那么排除那些无法协调的客观因素，建议你不妨从这样几个方面好好思考一下，先改变思想，再决定该如何行动。

第一，不要用"男主外，女主内"观念来进行自我限定。

传统观念认为"男主外，女主内"，即便是现如今的 80 后、90 后父亲们，对这一观念也毫不置疑。

在《当 90 后成为父亲：新一代父亲的理想形象与现状报告》中，有这样一项调查数据：在一个有孩子的家庭中，如果爸爸的收入占家庭总收入的 80% 以上，这个家庭的育儿分工模式多为"男主外，女主内"。但相反，如果妈妈的收入占家庭总收入的 80% 以上，"女主外，男主内"的模式却很少出现。

由此不难看出，相当多的爸爸眼中只有"承担家庭经济责任"这一项工作内容，照顾家庭、陪伴孩子似乎从来都不是他认知中的"工作选项"。

美国知名社会学家阿莉·拉塞尔·霍克希尔德（Arlie Russell Hochschild）曾根据自己的亲身经历写过一本名为《职场妈妈不下班》的书，在她看来，尽管社会经济、文化的走向推动和鼓励女性走入了劳动力市场，但是社会观念依然如旧，很少有男性认为，"能够做到发自内心地关心孩子、了解孩子的需求、营造温馨的家庭氛围，才是一个有男子气概的好男人"。霍克希尔德代表女性发声："工作并不是全部，生活不仅仅与经济和金钱有关。照料家庭、维系社群不仅仅是女性的事，也应该是男人的事。"

其实不仅仅是女性这样看，孩子也同样是这样理解的，他会更想要爸爸和妈妈一样也经常在家，也能洗衣做饭、陪他一起玩，这些日常对他来说才是快乐，爸爸"能不能陪伴自己"可要比爸爸"能赚多少钱"重要得多。

实际上，主内还是主外应该看个人能力如何、更适合做什么，工作能力强的就去主外，打理家务一把好手的就顾家主内，不论是爸爸还是妈妈都一样。而且家庭分工很多时候并没有严格界定，爸爸妈妈彼此包容合作，一起建设家庭、教育孩子、创建和谐生活环境，我们的家庭才会越来越好。

所以，不要自己局限自己的认知，爸爸不是只能主外，如果你能从"我是家庭一员""我是父母""我是孩子需要的人"等角度来给自己重新定位的话，你就会开始考虑更多"赚钱养家"之外的事情。而当你能够主动去想"我该怎么陪孩子"时，就像破开屏障，你的眼前会出现更多可供思考、尝试的路，而你也会更愿意主动去陪伴孩子。

第二，合理分配时间是完全能做到的事。

再说到"忙"这件事，"忙"其实也分好多种，比如就有"真忙"和"假忙"。

所谓"真忙"，就是计划里真的有许多事情需要做，一件连着一件，能休息的时间都不多。而所谓"假忙"，要么是时间安排不合理，导致工作不能顺利进行；要么是以"忙"为逃避或自私的借口，故意拖延时间只为自己考虑。

所以，我们先好好看看自己，你口中所说的"我很忙"到底是哪一种"忙"。

如果是"真忙"，就要做到劳逸结合，"劳"的时候全神贯注，"逸"的时候就好好休息，同时把时间分一些给孩子，比如在合适的休息时间给孩子打个视频电话，或者完全放下其他事情赶回家陪陪孩子，这都会让孩子意识到"爸爸是想着我的"，当内心情感得到满足，他也会反过来体谅爸爸。

如果并不是这种真的腾不出时间的"忙"，那我们就是在"假忙"。

此时首先就要纠正"逃避"心理，作为家庭中的一员，为家庭付出是理所应当的事，家中的大事小情本就应该是全家合力去做的，没有人有理由逃避。作为家中最强有力的一员，我们本应更积极地展示自己的能力，展示自己对家庭的作用。

在这之后，我们要对可用时间进行合理规划，认真对待工作，集中精力做好该做的事情，努力做到当时事当时完、今日事今日毕，由此节省出时间。

最后，就是好好安排这些工作之外的时间，除了必要的个人时间，余下的时间都可以用来陪伴孩子。

第三，陪伴孩子也许不容易，但绝不是困难。

陪伴孩子并不如我们想象的那样简单。很多爸爸在带娃过程中应该都能发现，孩子的行为"反复无常"，一件事没做完又被其他事吸引了，所以你要不停地关注他、回应他；他会反复要求你讲同一个故事、做同一件事，所以你要有足够的耐心；他还会对你的建议视而不见或坚持己见就不动摇，这意味着你要么妥协，要么想办法改变他的想法。

在这期间，孩子还会因为饥饿、口渴、疲劳甚至不明原因而哭闹，如果你没及时回应他的需求，甚至用妈妈明令禁止的事情来哄他，一旦被发现，多半都会换来妈妈的抱怨。

有的爸爸也因此抱怨："妈妈陪着的时候他也没那么多事，怎么我陪着的时候，他就这么闹腾呢？"

究其原因，不过是妈妈提前注意到了那些事，也做好了万全准备。所以孩子的妈妈是个好榜样，爸爸应该学习她的认真细心、温柔耐心，学着调节与孩子相处时的自我心态，并尽快掌握陪伴的技巧，实现与孩子的愉快相处。

第四，努力提升陪伴孩子的质量。

陪伴并不只是陪坐在一旁看着孩子玩，更不是你玩着手机，让他自己玩，只有高质量的陪伴才是孩子所需要的。

爸爸们普遍都有更旺盛的精力和强壮的力量，也会更注重让孩子"放手一试"，而且有相当一部分爸爸其实自己也是很喜欢玩的，那么爸爸们就利用好自己的优势，结合孩子的性别、个性，选择能吸引孩子注意力且能让他得到锻炼的陪伴项目，让他玩得开心，爸爸们也陪得开心。

同时，"陪伴"也是一个互动性极强的行为，讲究互动性，我们要和孩子言语有讨论、思想有交流，还要有合作、互帮互助等行为上的互动。

另外，爸爸也要注意听取孩子妈妈的提醒，重视安全、卫生、健康等多方面问题，毕竟高质量的陪伴并不只是让孩子玩得开心，还要玩得安心。

知错就改，认真改、有成效地改，这是爸爸们对待错误的最真诚的态度。如果你已经意识到自己对孩子的陪伴不够，那就赶紧行动起来吧，不要等着日后他已经不再需要你陪伴时，你和他都徒留遗憾。

好爸爸的两件事：放下手机，回家吃饭

先来思考一个问题："除了工作和手机，还有其他能吸引你的事情吗？"

如果是问妈妈，她们的回答肯定滔滔不绝，她会告诉你："怎么没有呢？孩子的生活学习，家里的柴米油盐、水电燃气，老人的吃喝拉撒、生病照顾……哪样不需要操心啊？"

可如果是问爸爸，还能有什么其他答案呢？

事实是，很多爸爸除了工作、手机，已经再没有什么能吸引他眼球的事情了。他们可以在手机上投入所有工作之外的时间，却连回家吃一顿饭的时间都挤不出来。

有人可能说，爸爸也会带娃。可是网络上有一句众所周知的调侃，"爸爸带娃，活着就好"。什么意思呢？相信你也刷到过相关视频，

爸爸们说是带娃，却是任孩子自己玩，而他则依旧沉浸在手机之中，刷视频、玩游戏、聊天、谈工作，如果孩子过来了，他们就挥挥手，很不耐烦地要求孩子自己去玩，或者对孩子的很多要求选择性地听不见，哪怕孩子哭了，也不能转移他们对手机的"关注"。

《2019 年中国亲子陪伴质量研究报告》中提到了亲子陪伴的痛点，父母对孩子平均陪伴时长为 3.2 小时，核心陪伴时间多是下班后时间，即 18:00~21:00。然而就在同时间段里，声称"陪伴孩子"的父母们却在做什么呢？数据显示为网购、看微博、刷短视频。拿着手机陪孩子，这似乎成为很多父母尤其是父亲的"固定陪伴姿势"。

至于说吃饭，很多爸爸经常不在家吃饭，他们的吃饭时间，有时候是工作时间的延续，有时候则又是朋友们联络感情的重要时刻。一到吃饭的时间，有的爸爸就只是简单通知家人"我不回家吃了"，也许解释个理由，更多时候可能根本连解释都没有，好像不回家吃饭是一件理所当然的事。

专注于手机、总不回家吃饭的爸爸，怎么可能是好爸爸？所以别的先不说，若要给"好爸爸"下一个最基本的定义，八个字应该可以概括，那就是"放下手机，回家吃饭"。

首先，做到"放下手机"。

手机能放得下吗？答案当然是肯定的。

那些放不下手机的爸爸，无非就是做两件事，要么是不断用手机联系或处理工作，要么则是经受不住手机多功能娱乐的诱惑。所以要想放下手机，不妨从下面这两点入手：

第一，设定"无工作时间段"。

如果你真的能做到认真工作，你应该可以在工作时间之内完成当日工作量，就算暂时完不成，除非特殊的情况，否则你基本也不会连续 24 小时都在处理工作。这也就是说，你回家之后的时间其实本就应该是"无工作时间"，这时你最好将工作"关"在家门外。

当然，不排除有些工作的确是没有严格的时间限定，以至于你即便回家也不得不继续找时间工作。那么此时根据你的工作性质、内容，结合孩子的作息、需要，也一样可以设定一个"无工作时间段"。比如晚饭后一小时，远离手机或者给手机设定静音，暂时不看与工作有关的任何消息、邮件，不接听与工作有关的电话，不思考与工作有关的任何内容，你就可以利用这段时间来和孩子专心相处。等这个时间段过去，如果你的确还有工作没处理完，那就再去继续处理。

一般来说，当你经常这样做，时间久了，那些与你联系工作的人也会知晓你的这个习惯，在你和孩子相处的这个时间段里，需要找你的工作也会减少甚至消失，也就是说，无形中其他人也就跟着你形成了习惯。

第二，减少对虚拟娱乐的依赖。

人的大脑会分泌能传递兴奋和愉悦信息的神经递质——多巴胺，手机上的游戏、视频、小说、新闻、聊天等虚拟世界里的娱乐，会在短时间内刺激你的大脑释放多巴胺，让你感到快乐并希望获得更多，你就会不断在手机上点击下去，直到成瘾。但这之后，大脑会产生耐受性，只有更多的刺激才可能让你感到快乐，于是你更频繁地看手机，搜寻快乐，这就是你放不下手机的原因，你对这些虚拟娱乐产生了依赖。

然而，这些不用多思考就能得到的快乐都是短暂的，并不能给你带来实质性的满足。我们的大脑还会分泌一种名为内啡肽的物质，这是我们的天然镇静剂，要获得它需要你付出实际努力，"先苦后甜"的经历会让你感到由内而外的满足与充实，这才是真正的快乐。

对于很多爸爸来说，陪伴孩子应该称得上是一件"复杂且痛苦的工作"，如果你能努力去应对这项"工作"，那么从中得到的成就感就会给你带来更大的愉悦。

所以，我们首先要改变一下心态，不要只关注自己玩手机的感受，而是要站在父亲的角度为孩子考虑一下，也站在孩子的角度想想他对父亲的渴求，这会促使我们逐渐产生"利他心"，也就是"利于孩子的心理"。

然后，再好好看看孩子，你会看到孩子很喜欢与你交流，很喜欢听你说新鲜事，更喜欢你能带着他玩，相信这些发现会唤醒你对孩子的那份爱。

最后，与孩子建立起互动，你会慢慢意识到这种真实的活动比虚拟世界更有趣味。因为孩子的思维是不可控的，他的每句话都可能成为让你大笑或思考的"金句"，他的每个行为都可能是让你惊讶或惊喜的改变。这种真实趣味体验，会比虚拟世界带来的体验更令你印象深刻。

与孩子经常性相处带来的快乐会让你更深刻清晰地感受到生活、做父亲以及工作的意义，久而久之，你也会逐渐从对虚拟娱乐的依赖中摆脱出来。

接下来，尽可能"回家吃饭"。

某天有个小女孩问爸爸："爸爸，你知道有什么比学习还难吗？"

爸爸很是疑惑，还没回答，小女孩就接着说："我觉得是和你吃饭，能和你吃上一顿饭，可比考 100 分难多了。"

小女孩的这个回答，可以说道出了很多孩子的心声。家中的餐桌总是坐不满，一日三餐每天只有妈妈陪伴，孩子对爸爸的渴望溢于言表。

爸爸不在家吃饭似乎是很多家庭的常态。

人具有社会性，我们必然要与他人有交往，也会经历推不掉的应酬、聚会，参与到"酒桌文化"中去。然而，"酒桌文化"同时还隐藏着诸如健康风险、经济风险、作风风险等种种隐患，而且与他人的应酬、聚会不过是生活中的一小部分，与家人正常的家庭生活才是生活的重心，所以我们既要注意消除隐患，也要注意不能本末倒置。

所以，前面小女孩的那个"比学习还要难"的困难事件，也是时候引起我们的重视了，下班之后尽量回家吃饭应该成为我们更为在乎的事情。

千万不要觉得一起吃一顿饭不是什么重要的事。

美国曾经有一项关于"孩子和家人一起吃饭的频次与营养健康状况的关系"的研究，研究者对 18 万多名儿童和少年进行了调查，结果显示，水果和蔬菜摄入量与学龄前儿童的家庭进餐频率有关，每周共享少于三顿晚餐的家庭的学龄前儿童水果和蔬菜摄入量低的概率更高。每周如果能有三次以上与父母一起吃晚餐的机会，那么孩子发生肥胖的风险会明显降低，吃不健康食物的数量减少，患上厌食症、暴食症等进食紊乱症的风险减小。

显然，不论是从情理上来说还是从孩子健康发展角度来说，我们都应该尽量做到经常回家吃饭。工作的时候认真工作，在合适的下班时间下班，除非重要的应酬、聚会，否则就及时赶回家，与家人一起准备饭菜，一起吃一顿团圆饭。

当然，有些爸爸的工作性质决定了他必然赶不上正常回家，甚至好久都不能回家，这种情况要怎么办呢？其实也是有办法的，比如赶在家里吃饭的时间点，拨个电话，或者打个视频，没有这个条件的话，也可以在其他空闲时间里，通过发信息、打电话等方式来和孩子聊聊天，比如问问"你晚饭吃了什么呀""最近有没有吃好吃的"，说说"我也想吃妈妈做的饭了""我也想和你们一起吃饭"，这样的聊天会让孩子感受到爸爸对他的关心和对家庭的在意。

要做好爸爸，我们需要增加与孩子在一起的"有效"时间：放下手机，可以更有效地陪伴孩子，让孩子从这种陪伴中感受到快乐与爱；回家吃饭，可以让孩子切实体会到"家人们是在一起的"这种感觉。不妨牢记"放下手机，回家吃饭"这八个字，把有效陪伴落实在日常相处的生活之中。

孩子要你抱，你抱还是不抱？

每个孩子都有拥抱的需求，尤其是在他人生的头几年，抱一抱对他来说是非常重要的一件事。

美国杜克大学医学院曾做过这样一项研究：他们长期追踪了 500 个婴儿，其中近 10% 的孩子很少被父母拥抱；接近 85% 的孩子会被父母拥抱，但频率不高；仅仅 6% 的孩子经常得到父母的拥抱。

研究发现：当孩子被抱时，他的大脑会分泌催产素，催产素又被称为"爱的荷尔蒙"，这会促使他体内皮质醇水平下降，他会由此感到放松和心安。

从心理学角度来说，我们可以把孩子"求抱抱"的行为归类为"依恋"，而社会依恋是一个强大的生存推动力，会让孩子与父母保持亲密关系。

其实就算不用这么学术的表达，我们自己应该也深有体会，越小的孩子越喜欢对你"求抱抱"：回家要抱，出门要抱，天天见要抱，一段时间没见更要抱，他高兴了要抱，他哭了你不抱就哭得更厉害……

然而再小的孩子也是有分量的，抱久了也会累，而且很多爸爸也认为不能总抱孩子，会开始拒绝抱孩子，比如去幼儿园接孩子，孩子原本很开心地张开胳膊跑过来，可有的爸爸却往后退两步，手背过去，或者推开孩子张着的手说："都这么大了，不抱了。"这样做的爸爸可能都认为，如果经常抱孩子，孩子会变成"软骨头"，对父母太依赖，但事实跟你想象的完全不一样。

首先从安全感的角度来说，人们一般在什么时候会拥抱？除了感到快乐、成功时，就是情绪低落、悲伤沮丧、害怕恐惧的时候，拥抱会让人感到心安，相信你自己也能体会到这一点。那么孩子就更是如此了，他通过拥抱来从我们这里获得安全感，安全感足够了，他会对我们产生信任的依恋。他的内心是满足的，那么一些盲目性的拥抱要求就会日渐减少。

接下来再从孩子成长变化的角度来说，孩子并不会一直渴求拥抱，即便是日常得到正常拥抱回应的孩子，在成长到一定年龄之后，也会慢慢减少"求抱抱"的次数，而且是主动性的，甚至是带有一点排斥意味的。

在心理学中，孩子对自我的认知有一个过程：

在4~10月龄期间，他通过学习伸手抓东西等动作，开始体验个人力量，产生"原来我能控制外部世界"的意识，并在诸如捉迷藏这样的游戏里，意识到自己与他人的不同。

到20~24月龄时，他会开始用第一人称代词"我"进行表达。

在19~30月龄期间，他可以评价自己，比如结合周围人的评价，他可能会告诉你"我很好看"或者"我很厉害"。在这之后，随着自我意识的不断发展，孩子的自我概念和认知发展会逐步展开。

5~7岁时，他对自我的定义也将发生转变，而这时他往往会高估自己的能力，而周围人有意无意地说"这孩子长大了""这是个大孩子了"，这也会让他觉得自己此时变"厉害"了。

那么既然自己变"厉害"了，他还需要依靠拥抱来获得什么吗？当然不了。而且，这个时候的孩子也会非常在意周围同龄人的表现，男孩在这方面会表现得更明显。他们不仅会拒绝"和爸爸妈妈抱抱"这样显得"软弱"的做法，也会嫌弃同龄人还在和爸爸妈妈抱抱。到这时候，就算你想要抱抱孩子，他可能都会很直接地拒绝你，并说"我都长大了，都是小学生了，谁还抱抱啊，多丢人"。

你看，你是不是跟不上孩子的节奏了？他想让你抱的时候，你嫌弃他，等你想再抱他的时候，他却开始嫌弃你了。从你嫌弃他"求抱抱"的行为开始，从你最初对他的"求抱抱"不耐烦时起，你其实就已经失去了可以随意拥抱他的"权利"了。孩子会从你的态度中意识到"爸爸不需要抱抱"，他就会尽量减少对你要抱抱的次数，以及与你拥抱的机会，而你在日后可能真的就再也没有那么多机会去抱他了，这也会成为你日后无法弥补的遗憾。

那么，孩子要你抱的时候，你抱还是不抱呢？

还是抱一抱吧，拥抱孩子，你获得的是被依赖、被喜欢、被信任的感觉。而且大部分孩子并不会胡搅蛮缠，你认真地拥抱他，他感到满足了自然会离开。

那么，我们该怎么和孩子抱抱呢？

首先，看看妈妈是怎么抱孩子的。大部分妈妈对孩子的需求都是有求必应，她们会蹲下来，与孩子有眼神或语言的交流，然后温柔拥抱。我们也要温柔一些，耐心应对孩子的"求抱抱"，积极地回应他的需求。

然后，要"聪明"地抱。张开双臂把孩子搂在怀里或者抱起来，抱孩子的肢体动作就完成了，但这并不意味着"抱孩子"这件事也完成了，我们还应该和孩子有心灵上的交流。比如幼儿园放学，你抱起孩子之后可以和他聊幼儿园里的事；下班回家进门，抱起孩子给他讲你遇到了什么好玩的事，或者听他给你分享他的快乐；平时他过来找你抱抱，就问问他做了什么、在想什么……也就是给你的"抱抱"注入一些"灵魂"，不只是干巴巴的肢体接触，孩子也会从这样的抱抱中感受到温暖，并从你身上获取更多的安全感、幸福感。

最后，"反客为主"去抱抱。我们不一定等着孩子来"要"抱抱，而是主动去抱抱。经常出差、与孩子交流比较少的爸爸可以更多选择这种拥抱方式。

在孩子看见你的那一刻，你先蹲下来对他张开手，示意他可以抱抱；当他情绪不太好时，你主动说"来，爸爸抱抱"；或者你也可以和孩子约定小暗号，比如有位妈妈与孩子的暗号是拍手，妈妈双手像鼓掌那样拍两声，就是"来，妈妈抱抱"的信号，孩子就会很开心地扑过去，你也可以和孩子有个这样的约定，孩子接收到你的信号，就能享受愉快的抱抱了。

主动性的抱抱其实很有效，孩子也更容易获得情感上的满足，而来自爸爸的主动，也会让他意识到"我和爸爸是可以亲密抱抱的""爸爸和妈妈一样，都是最爱我的"。

请珍惜眼下可以抱抱孩子的时间，孩子总会慢慢长大，当他的世界越发丰富时，来自爸爸的"抱抱"可能会越发显得微不足道。

妈妈的拥抱是温暖柔软的，爸爸也完全可以更大方地去表达对孩子的喜爱与关怀，在为数不多的相处时间里，满足孩子想要抱抱的愿望。

永远不要以为"还来得及"

一位妈妈有一个正上小学二年级的女儿，她讲了这样一件事：

有一天下午我接女儿放学，在回家的路上我对她说："今天晚上，我们俩去吃好吃的。"

女儿立刻就问："爸爸不吃吗？"

我说："爸爸今天下午又出差了。"

女儿特别遗憾地叹了口气："又走了啊？妈妈你会不开心吧？"

我并没有想好要怎么回答这个问题，就听女儿又说了："爸爸在家刚待了没两天。只有爸爸在家的时候，我们吃饭才不用操心（因为爸爸一回到家，就把做饭、收拾家的活儿都包了，为的是让妈妈彻底休息一下——这位妈妈补充说明了一下），现在我们又要想每天吃什么了。爸爸说什么时候回来了吗？"

我回答："可能得过几天吧！"

女儿没回应，接着就开始聊别的事情了。

这个孩子的爸爸常年出差，一年到头在家的时间甚至都凑不够一两个月。这件小事引发了妈妈的思考，她发现爸爸不在，孩子考虑的却只是妈妈的心情和母女二人的吃饭问题，对爸爸出差竟然没有一点关心与挂念。显然，孩子已经习以为常，甚至对爸爸有了一种陌生人的感觉。

这位妈妈还说了另一件事：

> 我帮女儿检查作业的时候，可以很直接地提出她哪里有问题，她也会不好意思地笑笑，然后拿走改正。可如果把作业拿给爸爸就不一样了，她会非常在意自己在爸爸那里的自我表现，就好像是我们在不太熟悉的人面前尽力维持自己良好的一面一样，如果爸爸发现她作业出现错误，她能立刻掉下眼泪，并不断地说"我没错"。

孩子用自己不同的表现，很明确地向我们展示了她对待父母的"亲疏有别"。社会心理学中有一个"自我表露"（self-disclosure）的概念，意思是，我们想要向外在的观众也就是别人，以及内在的观众也就是自己，展现一种受赞许的形象。每个人都致力于管理自己营造的形象，当然孩子也不例外。显然，这个小女孩把爸爸归类为"陌生人"，所以她才会更想要维持自己良好的一面。

这位妈妈也注意到了，爸爸每次出远门，孩子对此早就没有更多反应，就好像"爸爸回来才是惊喜的事"，而爸爸出差已经成了她生活中的常态。这位爸爸也错过了孩子的很多重要时刻，比如每年的"六一"儿童节等节假日，甚至是孩子的生日……而在爸爸的记忆里，对孩子不同年龄段的不同样子几乎是没有什么深刻印象的。

遗憾的是，这位爸爸对孩子缺失的陪伴再也补不回来了，因为时间不会倒流，孩子已经长大，她正在形成属于自己的空间，开始以自己独立的性格去闯荡世界，她对爸爸的需求也渐渐地没有先前那么强烈了。

孩子的成长不等人，你错过了就是错过了。所以我们不得不面对这样一个话题，那就是作为父母，孩子对父母教育的需求到底有多久呢？孩子并不是一生都需要爸爸在身边教育他。实际上，孩子需要父亲教育的时间可能只有短短 10 年。

德国一位教育家曾明确指出，真正的父亲教育有效期最多只有 10 年，也就是从出生到孩子 10 岁这段时间。他进一步解释道："孩子在 8 岁前，父亲主要是'做风筝'，他需要做的事情就是保护孩子的身心健康；当孩子成长到 8 岁以后，父亲要做的就是'放飞风筝'了。"

但事实上，绝大多数妈妈把教育孩子当成了自己的天职，而且绝大多数爸爸也认为这是妈妈的事，与自己无关。不得不说，这是一个遗憾。

孩子人生的前 10 年，会借助父母教育快速成长，可一旦过了这个时间段，随着所学越来越多，能力越来越强，父母教育也就日渐满足不了孩子的需求。再之后孩子进入青春期，迎来所谓"叛逆期"，他也就更加不喜欢父母过多唠叨了。

身为爸爸，你有没有想过，缺少了你的关怀和爱，孩子能健康成长吗？实际上，爸爸真正能参与到孩子教育的时间更短。首先在绝大多数家庭中，妈妈依然是教育孩子的主力，孩子在 3 岁前也更愿意妈妈陪伴他。他对爸爸的需求急剧增加的时间一般都在 3 岁以后。从 3 岁多到 10 岁,不过六七年的时间。也就是说相比较妈妈,爸爸可以对孩子发挥作用的时间会更短。

可就是这样短的时间,还是有很多爸爸在不知不觉中就错过了,你可能也看过这样的笑话,爸爸难得去接孩子放学,但去的却是小学校门口,而孩子已经上初中了,人没接到不说,还被家人抱怨。

而且,孩子是真的不在乎吗?并不是的。

在一档综艺节目中,有位爸爸就说自己平时工作非常忙,很少陪伴家人,与妻子经常发生争吵,孩子有时候也会被牵连。而孩子的回应是:"如果你们离婚,我会选择妈妈,因为就算选择你,你也不会陪在我身边,跟没选你是一样的。"

因为久不在家,爸爸给家人带来的伤害几乎是无法弥补的,孩子如此冷静地说出"离婚""不选你"这样的话,着实令人心痛。《庄子·田子方》里讲,"哀莫大于心死",一个孩子对于父子亲情产生这样的冷漠、嫌恶,很难说他内心对于这份亲情的"哀"到底已经到了怎样的一个程度。

永远不要以为"还来得及",有些事一旦错过就是永远的遗憾。既然已经成家,那我们便属于家庭,必然要体现出自己家庭成员的身份和作用。作为爸爸,如果我们能在孩子人生的前 10 年里有足够的存在感,那么我们的思想、格局以及自身所坚持的正确的原则、道理,都将成为他成长所需的养料,同时也将成为维系我们亲缘关系的强有力的纽带。更何况,我们和妈妈的"强强联手",也将能让孩子感受到更完整的教育,以及更完整的家庭温暖。

具体要怎么做，以下建议可供参考。

第一，要与家人换位思考。

少一点"大男子主义"，经常从妈妈的角度去考虑，更要站在孩子的角度去考虑。不妨也想想自己小时候对爸爸的期待，孩子的心情与当时的你是一样的。你能读懂他的期待，作为成年人，你也就有能力回应他的期待。

第二，看看自己都错过了什么。

只有知道自己到底错过了什么，才可能知道到底该弥补什么或向哪方面努力。比如，你错过了孩子的生日，其实就意味着你"欠"他一次真诚的祝福，"欠"他一段美好的陪伴。那就不妨诚恳一些，承认自己的不足，同时也在未来的日子里以实际行动来缓释孩子对这段亏欠的不满。

第三，"说到做到"是最好的证明。

"爸爸保证下次……"这是孩子最不愿意听到的解释，这句话就是一种敷衍或简单应付，一次次的"下次"终将让孩子对你失望透顶。

既然明白了教育不能等，既然已经错过了一部分，那就赶紧弥补。说到做到，答应孩子的约定尽量不要食言，如果实在无法实现，也要在过后尽快以其他方式补给孩子。

我们的人生可能要经历很多遗憾，但做爸爸的这些遗憾，还是要尽量避免。孩子终究会离开我们远行，多制造一些美好的亲子回忆，多给孩子留下深刻且正向的父亲的影响，对孩子和我们来说，何尝不是一种幸福？

爸爸的"苦"什么时候才能"熬"出头？

有些爸爸会诉苦，他们诉苦的内容是什么呢？可能是这样的："我一天工作累得不行，回家孩子还非要让我抱，要不就让我陪他玩，要求做这、做那，简直比我工作中的领导还麻烦。你还不能怎么着他，你一瞪眼，一不耐烦，不理他了，他就哭，他一哭家里就不安生。唉，我也'苦'啊！到底什么时候才能熬出头？"

我们在外应对各种各样的工作，可能繁重、困难重重或者错误不断，也要面对各式各样的人——严苛的上司、某些麻烦的同事、不停提要求的客户，这些都让我们身心俱疲，好不容易下班回家，谁都希望可以好好歇一歇。

但孩子却不能让我们随自己心意，他并不知道我们经历了什么，在他的生活里，他只是一整个白天没有看到爸爸，想要和爸爸亲近，需要在爸爸这里找一些与"妈妈陪伴"不一样的乐趣。如果你曾经在某几次下班回家给孩子带了小礼物，那么他对你这方面的期待也会格外强烈。

于是你带着疲惫的身心推开家门时，预想中的"沙发、茶水、好吃的饭菜、悠闲的娱乐"都是不存在的，迎接你的就只是充满期待的小脸，你刚放松下来的心，就不得不再次提起来，重新打起精神去应付他们。毕竟，我们不能把在外的情绪带回家，孩子也没有义务承担我们自己的情绪。

但这种强颜欢笑、强打精神的状态终究令人不舒服，于是有的爸爸就想到了应对这种情况的"对策"，比如晚下班，错过陪孩子玩闹的时间；经常找理由出差，躲开面对孩子的可能；用像是"爸爸工作还没做完"等借口敷衍，然后就躲进卧室玩手机；等等。当然更多的爸爸，估计是在内心祈祷，"这苦日子快到头吧"。

但实际上，爸爸的"苦"根本熬不了多久，三个角度会告诉你答案。

第一，孩子妈妈的角度。

所有的爸爸都应该意识到一点，排除特殊原因，我们因为应付孩子而吃的"苦"，与妈妈们所吃的"苦"比起来真是九牛一毛。爸爸所谓的"苦"，从孩子妈妈的角度来看，基本都可以被归类为"无病呻吟"。

我们不妨回忆一下自己的妻子是如何变成妈妈的：

她们要十月怀胎，身体日趋沉重，整个孕期要忍受种种不适，以及可能因怀孕而来的各种疾病，有些疾病甚至会危及生命。

生孩子的疼痛，男性可能一辈子都体会不到。妈妈要自己一个人全部承受，而且生孩子这个过程，妈妈们也如过一遭"鬼门关"。

孩子出生后，她们还要肩负哺乳的任务，孩子尚在襁褓中时，妈妈几乎都没有睡过囫囵觉、吃过正点饭。

孩子慢慢长大，妈妈要操心的事情慢慢变多，她们就如超人，不仅照顾孩子的吃喝拉撒，兼顾孩子的身心教育，还要打理家务，更要顾及自己的工作。

而爸爸们呢？既不需要承受怀孕的辛苦，也不需要经历生死一瞬间的恐惧。在照顾孩子方面，当然不排除一定有爸爸也付出了很多，可绝大多数的爸爸缺少足够的细心与耐心，甚至有的爸爸还说出"孩子出生后，我就去睡沙发，不然我第二天怎么上班"这样的话，经历了"鬼门关"的妈妈听见这样的话，难免寒心。

当你能够站在孩子妈妈的角度去考虑"辛苦"这件事时，当你能够从女性的视角去理解什么才是真的"苦"时，当你可以用关爱爱人、心疼亲人的心情来看待妈妈们的付出时，你也许会对自己的那点付出、自己所受的那点苦不再那么执着，一旦你能放下对自己那点所谓的"受损利益"的过分追求时，你的"苦"也就不再是苦，自然也就不用再"熬"。

第二，孩子的角度。

这个"孩子"，是指小时候的你，假设时间倒流，你在孩子这个年龄时，自己曾经对父母，尤其是对爸爸有过怎样的期待呢？

想想看，小小的你，是不是也很期待爸爸回到家能陪你玩一会儿？是不是也期待过爸爸能从大大的包里掏出令你惊喜的小玩具？是不是一样期待爸爸能在你提出愿望时迅速满足你？换句话来说就是，我们小时候所期待过的，正是孩子当下所期待的。

相信也有很多爸爸在年少或年轻时有过这样的想法："等我以后有了孩子，我一定不让他吃我吃过的苦。"那时候的你所吃的"苦"中，或许就包括"长时间见不到爸爸"这样的苦，如果那时候的你有过这样的想法，那么现在的你可千万不能食言，因为你的孩子也对你有着满满的期待。

关于孩子的角度，还有一层意思。就是有些人看问题习惯于去看它不好的一面，须知凡事都没有绝对的好或是不好，只是看问题的角度不同罢了。同样是带着疲惫的身心回家，有的爸爸恐惧于"开门就要应付一个或两个'小魔头'"，但有的爸爸却期待着"回家就能看见我的天使宝贝期待且开心的笑"。显然后者更能让我们的"苦"一扫而光。也就是说，当你认真去感受孩子治愈的笑容、孩子幼稚天真却可能贴心的话语、孩子对你的那种信任和依赖时，你就会觉得"面对这样可爱的孩子，我的辛苦也会一扫而空"。

所以，爸爸们应该努力成为积极阳光的人，用你的眼睛多去看到生活中更多的美好，用你的心多去体会这份亲子之情的宝贵。

不要觉得"我在熬苦"，你不用"熬"，如果你不好好回应孩子的期待，不认真陪他，他也会自动收回让你吃这份"苦"的机会。你以后不需要再"熬"这个"苦"了，可是你要做好心理准备，日后你将承受亲情淡漠、难以管教等其他更让你难以下咽的"苦"。

第三，家庭的角度。

家庭是"一种以血缘为基础、具有情感纽带的社会单元，以共同的住处、经济合作和繁衍后代为特征"，从这个定义里我们要抓这样几个关键词——"情感纽带""共同""合作",这些关键词无一不在提醒我们,我们的家庭是一个需要协同合作、紧密联结的整体。

那么,从家庭角度来看我们所谓的"吃苦",你会发现,这"苦"更是吃不了多久了。

因为教育孩子并不只是妈妈或爸爸一个人的事,而是需要父母合力的事。合作展开的教育,如果能做到目标一致、优势互补、认真负责,那么我们是完全可以实现事半功倍的教育效果的。

而当孩子能够从父母陪伴的温暖与爱中感到满足,从合作良好的家庭教育中有所收获,那么他各方面的成长也同样会是积极而有效的,父母与孩子出现不可调和的矛盾的概率会非常小。一家人相处快乐和谐,所谓的"苦"还会存在吗?

从这三个角度一一考虑过后,你再想想看,你还"苦"吗?还用"熬"吗?

等你再回到自己的角度,你完全可以不抱怨,积极乐观一些。如此一来,不只是你自己,整个家庭的生活也会变得更轻松。

第二堂课

爸爸缺席，会导致孩子性别角色异化

在家庭教育中缺少爸爸的身影，绝对不是一件无所谓的事，也不只是爸爸们徒留遗憾这么简单，因为爸爸缺席孩子的成长教育，会给孩子性别角色的养成带来很深的影响。简单来说就是，如果你希望你的孩子有明显的性别意识和特征，就千万不要缺席他的成长！

从一份研究报告说起

2022 年 6 月，法兰克福歌德大学社会学研究所的两位研究人员在《婚姻与家庭杂志》（*Journal of Marriage and Family*）上发表了一篇名为《性别的代际传递：父亲对儿童性别态度的影响》（The intergenerational transmission of gender：Paternal influences on children's gender attitudes）的研究报告。因为 4~14 岁的年龄范围是孩子获得性别观念的敏感期，也是孩子受父母影响尤为明显的人生阶段，所以研究人员选取了 1999~2000 年间出生的两组儿童，以每年两次追踪调查的频次进行了超过 10 年的观察，目的是提供父亲家庭行为与儿童性别角色态度之间关联的全面实证说明，重点是双亲家庭的儿童。

最终结果显示，在性别角色态度的代际传递中，父母的行为和态度都很重要，但态度更重要，父亲的性别角色态度和性别行为比母亲更重要。当父亲向孩子传达自己的性别观点时，对孩子性别态度的形成起着重要作用，父亲不仅可以直接向孩子传递性别平等观念，还可以通过多和孩子待在一起、将家务正常化等行为，成为孩子在性别平等方面的榜样。

根据社会学习理论，孩子通过适应和模仿产生偏好，那么他对性别的认同也通过两种途径来获得：一种是通过直接训导，孩子的那些与其性别特征相适宜的行为将会得到鼓励和奖赏，而那些被认为更适合异性的行为就会受到惩罚或阻止；另一种则是通过观察学习，孩子会习得多个同性别榜样的态度和行为特点。

尤其是在直接训导途径中，那些表现出明确的差别（分化）强化的父母，他们的孩子可以很快地实现：标识自己是男孩还是女孩；对具有性别典型特征的玩具和活动形成明显的偏好；获得对性别刻板印象的理解。而且，爸爸通常会比妈妈更为积极地鼓励儿童的与性别特征相一致的行为，阻止那些被认为不适于其性别的活动。

在主张性别平等的家庭中，爸爸在性别社会化中的作用似乎特别重要。有一项针对英国和匈牙利的4岁城市儿童的观察研究发现：如果孩子的爸爸做更多的家务和照料子女的事情，这类孩子就会更少地意识到性别刻板印象。这显然也证明了前面研究报告中的发现：父母之间平均分配家务是性别平等观念传播的一个重要渠道。

由此不难发现，孩子的性别角色是否能正常发展，与父亲的付出有着紧密的联系。显然，当父亲付出不够的时候，孩子性别的发展也将出现问题。

来看这样一件事：

在一家幼儿园的节日表演中，有一个名为《白雪公主与七个小矮人》的节目，其中白雪公主的扮演者是一个小男孩，他的神态、动作都非常到位，再加上身上漂亮的蕾丝边花裙子，一眼看去完全看不出来是男孩，就是一个漂亮而文静的小女孩。

小男孩表演完之后，妈妈跑过去抱起他亲了又亲，直夸他"表演得太好了"，而小男孩则扯着自己的花裙子给妈妈看，并说："妈妈，我好喜欢这个裙子，真漂亮！"

据幼儿园老师说，并不是老师安排小男孩去演这个角色的，而是他自己非要演，不然就不停哭闹，老师与男孩妈妈沟通时，妈妈也说没关系，只要孩子高兴就好。老师其实对这个小男孩也很担心，因为平时只要批评他，他就会大哭不止；他平时也不喜欢电动玩具、皮球一类的玩具，不喜欢和男孩玩，而是喜欢和女孩抢布娃娃玩。

老师对此的结论是，男孩的父母离婚了，缺少来自爸爸的足够陪伴，孩子的心理发展可能多少都受到了不利的影响。

在性别角色认知上，这个小男孩由于成长过程中缺少引导，以至于出现了自身性别认知异化。不只是男孩，很多女孩长期生活在缺少父亲陪伴的环境之下，她对自身的性别认知一样不能稳定，心理上容易偏向于男性化，同时她的异性认知也可能会出现问题，比如完全不信任男性，或者过分依赖男性。

所以，仅就从让孩子建立正确的性别认知角度来说，我们做爸爸的就不能缺席他的成长，而是应该和妈妈合力，来为孩子搭建一个正常且良好的性别认知环境。

以下几个建议可供参考。

第一，尽量保证家中性别"齐全"。

家中性别"齐全"，就是爸爸妈妈都能经常出现在孩子面前，让孩子接受来自不同性别教育者的引导，简单理解就是给孩子充足的陪伴。

其实在最近几年，父母对孩子的陪伴还是有所改观的。

《2019 年中国亲子陪伴质量报告》中提到，在亲子陪伴时长方面，0~3 岁孩子父母亲子陪伴时长在工作日集中在日均 2~4 小时之间，而节假日亲子陪伴日均时长则可高达 8 小时以上。

而《2023 年中国亲子服务市场大数据调查》中的数据则显示，工作日期间，无论是父亲还是母亲，陪伴孩子的时间都主要集中在日均 2~6 个小时；周末期间，56.7% 的父亲陪伴孩子的日均时间在 6 小时以上，69.6% 的母亲陪伴孩子的日均时间在 6 小时以上。

这是一个好现象，说明越来越多的父母意识到陪伴对孩子的重要性，并主动作出了改变。那么已经做到的爸爸就要再接再厉，还没有做到的爸爸就要将这件事提上关注日程，我们理应尽可能保证自己出现在家中的频率，与孩子建立良好的互动。这种"出现"最好是你亲自出现，不常在家就要尽量保证使用网络、电话等方式与孩子建立联系，建立爸爸这个角色强烈的存在感。

如果实在有困难，其他男性亲人比如爷爷、姥爷、叔叔、舅舅或者哥哥等也可以成为暂时替代的人选。不过这种情况只是应急之策，旁人终究替代不了爸爸，爸爸理应自己肩负起陪伴、教育孩子的责任。

第二，在孩子面前有正常的性别差异表现。

在性别认知方面，如果说父母要经常出现在孩子面前是基本操作，那么想要给孩子更好的引导，我们还应该注意自己出现之后的表现，即在孩子面前的表现应该符合自己的性别身份。

妈妈就主要是体现女性的温柔、细腻、坚韧、有耐性，让孩子明白女性在生活中、社会上可以有怎样的表现，还要让孩子看到这些表现将会得到怎样的结果；爸爸则要表现出目光长远、格局大，也要表现出责任、担当，以及自强自立的精神，这会给孩子树立一个良好的男性榜样，不论是男孩还是女孩，都能深刻认识到一个积极健康的男性是什么样子的，那么男孩就会努力向爸爸学习，而女孩也将能正确认识异性。

第三，经常肯定孩子的性别及他的表现。

相比较妈妈，爸爸对孩子性别的"判断"更容易引起孩子的注意。我们平时在和孩子相处过程中，最好多一些类似于"这才是我家的小男子汉，勇敢坚强""我们小姑娘就是这么认真细心又有能力，是爸爸最喜欢的小公主"这样的话。

在话语间我们明确提示了孩子的性别，也明确点出了在其性别上的特点，这会强化孩子对自己的性别认同。但要注意多一些性别上的积极认同，而不能张口就是"男孩就是粗心鲁莽""女孩怎么就这么爱哭软弱"，否则也会加深孩子性别负面刻板印象。

另外，日常生活中也要强调男女有别，比如爸爸应该带男孩去男厕所，但最好不要带四五岁及以上的女孩进男厕所，同样道理，更衣室、洗澡间也有男女之分，我们都应该遵守男女有别的原则，借此也可以加深孩子对自我性别的认知。

第四，向孩子展示正常的异性相处模式。

有这样一则短视频：

一位身怀二胎的妈妈对爸爸和大儿子说："不知道这个宝宝是男孩还是女孩。"

爸爸毫不犹豫地接话："如果是个男孩，那就我们仨一起保护你；如果是个女孩，那就我们爷俩保护你们娘俩。"

大儿子也在一旁点头说："对啊对啊，是个弟弟就我们三个保护妈妈，是个妹妹就我和爸爸保护妈妈和妹妹。"

这是一个非常好的范例，爸爸对妈妈的爱护，也让儿子学会了尊重女性。同样的表现还包括前面研究报告中提到的爸爸在家多做家务，以及对待家庭以外其他女性的态度，在家体现男性的担当，在外把握异性相处的分寸，爸爸如何对待身边的女性，孩子就会以此行为为参考，规范自身，正确认识异性，学会异性间恰当的相处方式。

综上所述，爸爸在孩子性别认知方面要发挥重要作用，就要落实在行动中，让孩子在日常生活中去自己体会，自然会形成正确的认知，养成良好的性别习惯。

爸爸对儿子的影响

男性一生中最重要的角色是什么？有人说是勤勤恳恳的打工

人，有人说是奔波忙碌的创业者，也有人说是国家社会的奉献者，更有人说是为了生活而奋斗的勇士……这些涉及个人生活、发展的重要角色，对于每一个男性来说的确都很重要。可一旦有了孩子，那男性生命中能担得起"最重要"分量的角色，应该是"父亲"。

对于有些男性来说，"为人父"总会有些不真实感。这其实是因为在整个孩子的孕育、生产过程中，女性占据了绝对的主体地位，女性切身体验了一个生命从无到有的全过程，同时也承担着整个过程中可能出现的各种风险。而相对应的，男性的整体参与感可能没有那么强烈，所以内心身份转换就需要时间，这个时间还可能会很长。对自我身份没有明确认知的父亲，在对待家人尤其是孩子时，就很容易表现得随意，不够负责。

关于这一点，男孩受到的影响是显而易见的。因为绝大多数男孩都是以爸爸为模板成长的，爸爸的形象更高大，他的行为象征着男子气概。有了爸爸正确的引导，男孩才能成长为真正的男人。所以，如果爸爸不够负责，那么男孩的成长也将更容易出问题。

国外有一位育儿专家经常去学校演讲，每当演讲结束，很多学校校长的致谢内容中都会提到，学校面临的最大难题就是那些生活里缺少爸爸陪伴的男孩。大家都以为缺少父爱会对女孩产生更大影响，可事实却刚好相反，因为"很多问题男孩都没有爸爸陪在身边"。

为什么会出现这样的事实？不负责任的父亲陪伴孩子的时间屈指可数，因为没有父亲在身边，男孩便没有参照榜样，遇到问题他就不知道该怎么思考和处理，只能任凭自己瞎闯误撞甚至陷入迷途。而这样的问题男孩并不是只有一个、只有一代，而是经常性出现。

　　作家贾平凹在《关于父子》中说："作为男人的一生，是儿子，也是父亲。前半生儿子是父亲的影子，后半生父亲是儿子的影子。"

　　是啊，男人前半生，跟随着自己的父亲，学着自己父亲的样子成长，待到长大，结婚生子，有了自己的儿子，就又会将自己学到的再教育到儿子身上，这其实就是"传承"。

　　有研究表明，爸爸对子女的影响体现在方方面面，包括智力水平、行为模式、未来的职业选择、去世后留下的物质财富、对待下一代的方式与看法等方面，爸爸就是子女人生中的第一个榜样形象。

　　那么，爸爸要如何对男孩展现自身的影响呢？

　　简单来说，做到两点就够了，一是经常出现在男孩身边，二是做好自己该做的事情。

　　经常出现在男孩身边，男孩就能清晰地观察到爸爸的言行举动，爸爸身上所具备的男性特有的理性思考、更高远的眼界与格局、有担当的责任感等特质也会被同步展示出来。这种近距离的接触会让男孩在潜移默化中受到爸爸的影响与引导。

　　做好自己该做的事情，其实就是爸爸对男孩的榜样展示，对待不同的问题，爸爸是怎么处理的？遇见不同的人，爸爸又是怎么与他们相处的？面对生活工作中的不同事情，爸爸又是怎么表现的？爸爸的失败、爸爸的成功、爸爸的思想、爸爸的选择与决定、爸爸的判断等内容都会是男孩可参考的成长经验。

　　总有爸爸说："我讲不出什么大道理，怎么教育孩子？"实际上由于生理发育差异，对于男孩来说，行动对他的影响要远大于说教的影响，所以从这样的两点不难发现，爸爸的行动就是男孩最好的学习素材。

那么具体来说，爸爸都要向男孩展示怎样的影响呢？可以参考下面几点内容。

第一，规则。

男孩们玩游戏的时候，都喜欢定一个或几个"游戏规则"，比如，"这块地方是我们的营地，你们不能过来，过来就算输""谁先跑到那棵树，谁就赢了"。从这个角度来说，男孩对于规则是好奇的，但他不能只停留在好奇这个层面上，他应该知道"什么是规矩"以及在不同事情上"规矩是什么"，也就是要让他明白凡事都有规矩，且要讲诚信、守规矩。那么爸爸在各种事情上的守规行为就会成为向男孩展示"守规矩"最好的解释。

第二，自控。

俗话说："八岁九岁猫狗嫌。" 7~9 岁时，大部分男孩的表现就开始令人头疼，行为带有攻击性和极强的破坏性，稍不顺心就会大发脾气。爸爸此时的耐性与自我掌控能力就要发挥作用，让男孩看到自控的重要性。

第三，付出。

有心理学家研究指出，多数出现问题的孩子都会丧失自信心，原因就在于缺失归属感、价值感。而引导孩子付出，是解决这个问题的好方法。比如做家务，爸爸主动为家庭服务，向男孩展示什么是付出。通过这样的引导，男孩日后也就不会只知索取，而是能成为对社会有贡献的人，这会让他获得更多的价值存在感。

第四，道德。

父爱缺失很容易导致孩子在性格或行为上出问题，男孩原本由于性别的原因就会冲动，进入青春期之后，他还会变得更冲动，很多时候他的情绪会不可控，更容易出问题。此时爸爸的道德表现就会成为男孩的参考标准，爸爸的德行底线原则也会成为男孩的底线原则。

第五，尊重。

尽管不如女孩能说会道，但男孩需要学会尊重和爱的表达，不论是对待异性还是对待不同的人，男孩都要学会平等对待，学会不乱开玩笑、乱说话。爸爸对待妈妈及其他异性的态度，对待他人的态度，都会透露出爸爸是否有尊重之心，爸爸给予他人的尊重，也将影响男孩德行上的成长。

第六，责任。

能承担责任，是男孩成长的开始。男孩要对自己的身体负责，养成良好的饮食、作息、锻炼习惯，同时也要对自己的社交行为负责，学会与朋友和谐相处，懂得倾听与理解，会做事，会做正确的事，有担当，不逃避自身责任，敢于直面艰难与问题。

男孩永远都在用自己的眼睛看着爸爸的一切，身为爸爸，也永远不要忽视自己对男孩的影响，不要忽略任何一个小细节，这样我们才能成为真正让男孩仰望和依靠的大山。

爸爸对女儿的影响

爸爸是绝大多数女孩生命中接触到的第一个异性，如果说爸爸是男孩成长的首要榜样，那么对于女孩来说，爸爸就是她人生中最可靠的靠山。

爸爸对待儿子和女儿的态度存在很大的不同，对儿子，爸爸会有想要锤炼他的想法，并落实到行动上，而对女儿则永远都是"宠爱"为先。可是随着女儿不断长大，爸爸却又开始因为性别不同而开始"避嫌"，但宠爱却并不少。也就是说，很多爸爸对待女儿的态度就是"在避嫌的状态下尽情宠爱"，意思就是，爸爸可以满足女孩的任何要求，甚至有求必应，可一旦涉及教育，爸爸就会觉得"不好开口，不好插手"，也就是把握不好度，所以干脆选择留给妈妈处理。

有不少爸爸认为自己这样的态度没问题，既表达了爱又没有过分干涉女孩，可实际上，爸爸这样的做法充满隐患。很多女孩被爸爸宠成"刁蛮公主"，变得娇蛮跋扈，一点委屈都受不得，遇事就向爸爸哭诉、找爸爸撑腰，自己没有一点担当。而由于教育的事全交给了妈妈，心思细腻的女孩有时候就会在内心偏向"什么都不管"的爸爸，认为"妈妈管得太'宽'，爸爸有求必应"，这就使得妈妈有些教育不能顺利开展下去。

有的爸爸对这样的情况也会有纠结，总觉得在教育女儿方面，性别差异导致自己不是那么好插手。可能很多爸爸不知道自己在女儿内心是一种怎样的存在，实际上，爸爸对女儿的重要性是不言而喻的。

第一，爸爸是女儿生命中第一个能对她的价值予以肯定的异性。

来自爸爸的肯定，女孩会觉得那一定是真实的，"我爸爸都觉得我很好，那我一定是很好"，这是很多女孩在爸爸的肯定之下的自我感觉。曾经多个研究都得出一个同样的结论，那就是"女孩的自尊与父亲的认可密切相关"。

第二，女孩对生活中的人和事的评价受爸爸的影响很大。

虽然是异性，但是作为成年人的爸爸对女儿生活中遇到的人和事的看法，会直接影响女儿对这些人和事的评价，因为在女儿心里，爸爸是一个非常值得依靠的存在，尤其是爸爸也能给妈妈很好的依靠时，这会让女儿更加确信爸爸对其他人或事的评价是可靠的。

第三，爸爸给予女孩无可匹敌的安全感。

水坑过不去了、忽然下雨了、东西够不到了、遇到虫子了、被欺负了、受委屈了……女孩的很多问题都能通过求助爸爸而得到解决。尤其是当女孩进入青春期时，爸爸可能会提醒女孩"注意周围的坏小子"，这也会让女孩意识到"爸爸果然很在乎我"。而且，女孩不论遇到任何困境，如果爸爸能多和她聊一聊，会让她感到更加安心。

第四，爸爸是让女孩了解异性的最佳范例。

男性如何看待问题、如何与人相处，男性的思维模式是怎样的，男性如何对待女性才是正确的……女孩对这些内容的了解，大部分都来自爸爸的表现。所以，爸爸是不是有责任、有担当，是不是尊重女性，都将影响女儿对异性的印象，也将影响她未来与异性的交往，以及她的择偶观。

关于爸爸对女孩的影响，美国医学博士、青少年教育专家梅格·米克（Meg Meeker）经过多年的实践研究证明，时常有爸爸照顾和陪伴的女孩，相比缺少爸爸陪伴的同龄女孩，其心理发育测试分数更高、解决问题的能力好、出现焦虑和退缩行为的频率也较少；爸爸的陪伴会给女孩带来性格自信和高自尊；而爸爸与妈妈关系良好的女孩，青少年时期怀孕的概率也较低。

也就是说，爸爸对女孩的影响体现在方方面面，那么从爸爸的角度来说，我们需要教女孩什么呢？

第一，遇事冷静。

女孩会更加"感性"一些，遇到事情更容易焦躁不安，此时爸爸的镇定会帮助女孩更快平静下来，而爸爸的理性则可以帮助女孩梳理事情的前因后果，更快速找到解决问题的方法，进而走出困境。

第二，不软弱。

相比较男孩，天性温柔的女孩可能会在一些困难面前倾向于退让、躲避或无底线求助，爸爸坚定、迎难而上的表现，就是女孩学会坚强的最好参照。爸爸可以用自己的男性视角帮女孩打开思路，教她学会多角度思考，学会行动起来解决问题，学会接纳并应对困难。

第三，有安全意识。

爸爸教给女儿的安全意识，会让她记忆更深刻，从长辈经验的角度给出的建议更贴合实际，更有参考价值。所以，我们可以引导女孩意识到什么事能做、什么事要更小心提防，教她学会辨别是非善恶，提醒她在做事前考虑周全，不给自己留隐患。

第四，保护好自己。

爸爸站在异性角度看到的女孩自我保护问题要更实际，比如，怎样穿着打扮，如何面对异性的言语或行为骚扰等，这些都可以结合现实案例来引导。还比如，关于穿衣服问题，要从安全健康的角度，引导女孩跳出对"穿衣自由"的执着。爸爸可以通过自身的真实感受给出更现实的建议，借此教女儿在学校、公共场所、网络、身体、心理、情感等方面更好地保护自己的安全。

第五，让女孩意识到爸爸是可依赖的。

要教女孩学会相信、依赖爸爸。不是所有的问题都只能喊"妈妈"，有时候喊"爸爸"也是可以的，我们要给女孩这样的感觉，同时也提醒女孩，"你可以在遇到问题时来找爸爸，爸爸会想办法帮你解决"，并真的做好准备，在女孩过来求助时也真的能给出她所需要的帮助，并解决她的问题。

看到这里，你也许已经可以意识到自己对女孩的影响，也知道了自己应该要教给女儿什么，但你对女孩的影响要怎么才能发挥作用呢？这就需要我们在教育的方式方法上去认真思考了，以下几方面内容需要我们认真对待。

第一，相处模式。

爸爸和女儿相处应该注意分寸，就是前面提到的"避嫌"，比如女儿的一些私密活动，就一定要避开。可以摸摸头、握握手、拍拍肩膀，既不失亲密，也能保持好分寸。之所以这样做，其实也是在帮助女孩建立良好的性别差异认知，爸爸和女孩保持好距离，她就会知道身为女性要与男性有一定的距离感。

第二，说话方式。

爸爸在与女孩交流时要注意讲话方式，改掉习惯性的大声吼叫、说话毫不留情，以及动不动就呵斥的表达方式，要体现出男性的理性，说话适当放低音量，放慢语速，放缓情绪，向女孩展示一个稳重可靠的爸爸形象。

第三，言语内容。

男性与女性在语言表达方面存在差异。社会学研究表明，一个男性平均每天大概会说 1 万个单词，而女性则大概会说 2.5 万个单词，而且男性与女性在说话方式上也不相同。在语言内容上，一般来说，女性语言更偏向于关系与过程，而男性语言则偏向于目的与结果，女性在交谈时注重与对方交换信息，不仅会对对方产生依赖，也会随着沟通的进行而减少压力、转换心情；在谈话过程中，女性还会在非语言特征上有很强的观察能力，会留意对方说话时的表情、语气、声音以及心理状态等很多内容。更重要的是，脑科学研究表明，女性与情绪以及记忆形成有关的部位要比男性发达，所以更善于表达感情以及记住一些琐碎的事情。

所以，我们在与自家"小棉袄"对话时，就要注意她的需求，不能只顾着自己的表达，也要能站在孩子的角度、女性的角度去考虑她的言语之间到底要表达什么意思。

而且，每个女孩都有自己独特的个性，我们也要根据女孩的性格特征来展开恰当的沟通。

总之，想要与女孩有良好的沟通，那就尽量把注意力集中在她身上，以真诚的态度倾听，要保持足够的耐心，多以积极的、善意的语言内容与她互动，让她能对我们敞开心扉。

父亲角色缺失或弱化会带来什么

父亲角色的缺失或弱化会给孩子带来什么？答案就是，会让孩子缺"钙"。

先来看看医学概念上的"钙"。人体中需要有足够的钙，它是骨骼和牙齿的组成成分，对人体起支持和保护作用；可以调节细胞功能，影响体内多种酶的活性；和镁离子、钾离子、钠离子等共同维持神经和肌肉的正常兴奋性；作为凝血因子Ⅳ参与凝血过程；可以降低细胞膜和毛细血管的通透性，防止向外渗出，抑制炎症和水肿。简单来说，钙对人体有至关重要、不可或缺的作用，人如果缺钙，将难以生存。

那么，为什么说父亲角色的缺失或弱化就会让孩子缺"钙"呢？这要从父亲对孩子的影响来说起。来看下面这个事例：

有一个13岁的男孩，家庭条件非常好，他家是典型的"男主外，女主内"家庭。爸爸从商多年，事业非常成功，但也因为常年在外跑生意，一年回不了几次家；男孩从小跟着妈妈长大，他的生活起居全由妈妈一手操持。

但随着男孩渐渐长大，妈妈发现他的性格越发令人捉摸不透，后来还发展到想要辍学。老师也曾经给妈妈总结过男孩的特点，认为他敏感、不合群、缺乏自信、惧怕竞争。妈妈觉得很疑惑："爸爸这么成功，孩子怎么会缺少自信呢？"

而这位爸爸自己也很是失落与无奈，因为常年不在家，他与男孩几乎是无话可说。他送男孩去上学，一路上都想要说点什么，但男孩却一点回应都没有，他越想靠近，男孩越是躲闪。不仅如此，这位爸爸在男孩面前没有一点权威，哪怕是立规矩，男孩也并不听从于他。

爸爸的缺席让男孩丧失自信，对自己的未来也没了规划，辍学也是一种对现实的逃避。你以为只有男孩这样吗？并不是，再看看下面这位妈妈口中的女儿。

一位妈妈求助心理医生说："女儿年纪并不大，但已经开始谈男朋友了，而且谈了一个又一个，每次恋爱都会被对方忽悠，经常在感情里受伤。"心理医生了解后发现，这个女孩从小父母离异，缺少了父亲的关爱，她就希望找一个可靠的男朋友来爱护自己，可是因为内心有着强烈的不安全感，所以她并不能很好地处理与对方的关系。

爸爸的缺席对于这个女孩来说，就是缺少可依靠的对象，以至于感情方面一团乱。从这两个事例来看，父亲角色的弱化或缺位，不论男孩女孩都会深受影响。

那么具体来说，孩子会因此出现哪些问题呢？

第一，斤斤计较。

爸爸不在身边，孩子会缺乏掌控感，更计较得失，不能很大方地与他人相处，这样斤斤计较的孩子并不很讨人喜欢，也就不容易交到好朋友。

第二，做事不果断。

大部分男性做事都有很强的目的性，有足够的耐心，即便是失败了也并不那么容易放弃，而是越挫越勇，可以理性思考与解决问题。

这种特质对孩子很有帮助，如果爸爸能经常和孩子在一起，那么孩子也会耳濡目染，跟着爸爸学会接受失败、抵抗挫折，不会沉浸于错误之中，能够尽快走出失败。虽然孩子自己也有可能具备这样的特质，但爸爸的存在无疑是对这种特质的加码或是催化剂，如果父亲角色缺失，那么孩子出现不果断、惧怕失败的可能性会大大增加。

第三，影响感情观的发展。

从前面两个例子可见，缺少爸爸的陪伴，男孩的自信心很难建立起来，没有自信的男性在感情方面的发展通常也不会顺利；而女孩则要么是缺乏性别认同感，要么是盲目胡乱地在不恰当的年龄里开启不合适的感情，严重的还可能会导致身心都受到伤害。

第四，影响对成功的追求。

毋庸置疑，我们对孩子都有期待，比如考个好成绩、有好人缘、能做好很多事，等等。但孩子对成功的追求、为了成功而付出的努力，其根本来源其实都与爸爸有紧密关系。有爸爸参与的教育，孩子在学习、社交等方面都会有较好的表现，他也会具备相对更为强大的自信心与自尊心，而这两点显然是成功不可或缺的重要基础。

父亲角色缺失或弱化带来的影响，可能会促使有些爸爸只想要立刻行动起来改变影响，但是盲目行动只会带来错误结果，有时候在思想上的转变要比行动更有用，毕竟思想引领行动，当你有了更准确的认识，你可能就可以做出更有效的行动。

所以，不妨换个角度再来看待爸爸对孩子的影响，如果父亲这个角色没有缺失或弱化，孩子其实会有很令人惊喜的成长，他将可能会具备四种强大的能力。

第一，良好的思维能力。

在思维能力方面，爸爸的理性思维更注重事实、逻辑和结果，能更好地控制自己的情绪，可以做出明智的决策。所以，理性的爸爸更适合引导启发孩子思维的发展，在爸爸的帮助下，孩子会逐渐具备独立思考的能力。

第二，积极的动手能力。

相比较妈妈的细心、爱整洁、担心受伤等种种顾虑，爸爸更倾向于追求独立和自主，注重解决问题的方式和策略，显然这种特质促使爸爸更愿意鼓励孩子多动手，促使孩子动手能力的增强，具备足够的实践操作能力。

第三，稳定的抗挫能力。

现代社会飞速发展，激烈的竞争给每个人都带来巨大的压力，只有强大的内心、稳定的心态才能应对种种考验，抵抗种种挫折。男性普遍善于隐忍，善于控制情绪，有敢于挑战、竞争的能力。显然，爸爸良好的抗挫能力会成为孩子培养自身抗挫能力的最强大后盾，孩子也会跟着爸爸学会处理不同的问题，学会对抗种种困难与负面情绪。

第四，顺畅的沟通能力。

很多家庭中都会有一个爱说的妈妈，妈妈的唠叨很容易打消孩子的表达欲望。而话没有那么多的爸爸，却可以创造一个相对宽松的交流环境，给孩子自由表达的机会。而且，爸爸的理性思维在这里也会发挥作用，可以引导孩子学会更有逻辑的表达方式，进而具备顺畅的沟通能力。

有爸爸陪伴的孩子，这些能力会得到飞速提升，孩子因此而变得自立、坚强，可以勇敢面对各种问题，也能与他人友好相处，在集体、社会中尽情施展自己更多的能力，获得成功。这样的孩子不会出现"钙缺乏"，因为爸爸的存在就是精神上"钙质"的最佳来源。

身体上的钙质缺失，可以靠食补、药补、晒太阳等方式来补充，但精神上的"钙质"需要爸爸更重视自己对孩子的影响，不要等他因为"缺钙"而出现精神"骨折"时再后悔，请尽情发挥自己的能力，给孩子足够的营养补充，做他健康成长的坚实后盾。

第三堂课

一位合格的爸爸
只负责养家吗

很多爸爸认知中的责任，只是做好自己的事业，能够养家，这就可以了。但是爸爸这个身份哪有那么简单？对于孩子来说，成长并不是用金钱堆起来的，爸爸并不是银行卡。一位真正合格的爸爸，除了做好个人事业和养家，还有很多重要的事要做，尤其是在养育孩子方面。

是"坑爹",还是"坑儿"?

古人讲,"父母之爱子,则为之计深远""养不教,父之过",这些关于教育的智慧之言告诉我们,孩子要成长,就必须要依靠父母正确的教育,孩子成长得如何,父母起到了决定性的作用。如果孩子表现不好,理应追究父母因教育不力而"坑儿"的责任。

但也有人会有另外的看法,比如,很多父母会抱怨孩子"不听话",不论自己如何教育,孩子还是我行我素,"孺子不可教",总是做"坑爹"的事,这显然就是孩子本身的问题。也就是如果孩子表现不好,那并不是父母不教育,而是孩子不服管教。

到底是"坑爹"还是"坑儿",不过是看问题的角度不同,它们其实是一个问题。

所谓"坑爹",是站在教育者角度来看的,眼看孩子屡教不改,问题层出不穷,父母就会感觉孩子总是在"坑爹"。而所谓"坑儿",是站在孩子角度来看的,如果父母的教育本身就有问题,方式方法不妥当,孩子先被错误的教育"坑",所以才做出了"坑爹"的行为。

这就是一个清晰的前因后果关系,父母不妥当的教育是原因,后期承受被"教坏"的孩子所造成的恶果是结果。在教育孩子这方面,我们应该"反求诸己",努力做到先不"坑儿"。

每个孩子最初都不过是白纸一张,我们总说绘制"人生画卷",其实就是在这张"白纸"上来作画。虽然孩子的人生画卷的确需要他自己来执笔，但他用什么颜料、要怎么画、画什么，这却全都要由父母来引导他做出正确选择。家庭氛围、家风，父母自身的做人准则、处事原则、习惯、行事作风，甚至是口头禅，都会对孩子产生潜移默化的影响。

《史记·周本纪》中记载了我国最早的胎教：周文王的母亲太任堪称是"中国胎教第一人"。太任怀孕后，眼不看斜曲不正的场景，耳不听淫逸无礼的声音，口不讲傲慢自大的言语，正所谓"目不视恶色，耳不听淫声，口不出敖言"；不歪斜着睡觉，不偏斜着坐，不拖着脚站立，气味不正的食物不吃，摆放不正的席不坐，即"寝不侧，坐不边，立不跸，不食邪味，割不正不食，席不正不坐"。想法、做法真诚恭敬，一举一动都不失中正。

太任为什么要这样做？无非就是想要给胎儿创造良好的环境，让胎儿禀受母亲的正气，养成纯善的性格。太任的儿子周文王姬昌，聪明、贤良、圣德卓著，他敬老慈少，礼贤下士，"拘而演《周易》"，为周朝 800 年的基业奠定了坚实基础。

乍一看，周文王的优秀应该是母亲的功劳，好的胎教从一开始就创造了良好的成长环境。但是，周文王的父亲季历在他的人生成长中也起到了重要的作用。

司马迁在《史记》中给季历的评价是："公季修古公遗道，笃于行义，诸侯顺之。"季历继承了父亲古公亶父的贤德，注重实行仁义，能让诸侯归顺于他。那么在周文王成长的过程中，季历的所作所为自然也会被他看在眼中、记在心里，然后再表现在行为上。从这点来看，太任创造了孩子成长的基础，而季历也没有"坑儿"，那最终姬昌自然不会"长歪"，也就更加不会"坑爹"。

古人给我们做了好榜样，妈妈们已经做到了她们该做的事，爸爸们也应该肩负起自己的责任，想要孩子未来不"坑爹"，爸爸也要好好审视自身角色，尽职尽责。

那么，不"坑儿"的教育，爸爸应该怎么做呢?

第一，做到端正自身。

孔子在《论语·子路》中讲："其身正，不令而行；其身不正，虽令不从。"放在教育上来看，这句话的意思可以解释为，如果父母自身端正，那么哪怕没有要求，孩子也会跟随父母行为端正；可如果父母自身就行为不正，那再怎么约束孩子，孩子也不会听从。"坑儿"的一个最明显特点，就是父亲本身的德行根基不正，其身不正，可能都不知道"令"，做不到"令"，更别提去引导约束孩子了。

举两个简单的例子：

很多有雕塑的地方一般都会立一个类似于"禁止攀爬"这样的警示牌，可还是有很多孩子在上面爬，也能看到有的爸爸"帮"着孩子往上爬，毫无顾忌。

有的爸爸在儿童游乐场之类的地方，会因为一些小事和其他家长起冲突，轻则骂两句，重则动手，但对孩子却还说是"不能让别人欺负你"。

想要教育孩子，我们首先要有能教育他的资格，能做到最起码的自身端正。而自身端正的意义，往大里说，我们要追求个人价值与社会价值的统一，既实现自身发展，也促进社会进步；往小里说，就算是要赚钱养家，也要德行为先，才可能生财有道，创造财富，更别说承担教育下一代的重任了。

不论从哪个角度来说，我们都应该先做一个"身正"之人，不"坑儿"的根本，其实也是不"坑"自己，我们要先修身。修身的方法有很多，先看看当下时代的发展需求，再看看自身在哪些方面还有欠缺，选择适合自己的方法，尽快提升自己，让自己能有底气去对孩子展开教育。

第二，先严于律己，再要求孩子。

南宋文学家、史学家陆游《老学庵笔记》里的一则典故演化出一句俗语："只许州官放火，不许百姓点灯。"有时候我们教育孩子时的表现，也很"贴合"这句俗语。比如，爸爸自己一直在玩手机，却要求孩子"不要总玩手机，好好学习"，这就是很典型的"自己没做到反而要求孩子做到"，这样的教育很容易引发孩子内心的不平衡。

其实教育孩子的过程，也是我们的自我成长过程。对于不善言辞的爸爸们来说，身教会更容易为孩子所接受，如果我们能做到严于律己，自身有良好表现，那么孩子自然也会跟着好的榜样不断进步。比如还说玩手机这件事，如果你是一位有良好自控力的爸爸，即便是玩手机也能控制好时间，同时把其他事情都安排得井井有条，那么孩子也会跟着你学会自控。

不过也有的爸爸并不走这条身教之路，反而是提醒孩子"你不要像我一样"，想要让孩子以爸爸不太好的现状为戒，进而好好表现，但实际情况却并不会如你所愿，孩子不会觉得"爸爸是在提醒我"，更不会觉得"我努力了就会超过爸爸"，而是认为"爸爸一直那样做应该是很快乐，不然他不会一直做，凭什么要我改"，他反而会跟着你"有样学样"。

所以，想要给孩子良好的教育，教育者应该"反求诸己"，不论你想要求孩子什么，都先看看自己的行为是不是符合这个要求，如果自己还有问题，那就先不急着教育孩子，而是反省自我。把自身的问题摆出来，错了的改正，不足的弥补，在这个过程中也提醒孩子不要犯同样的错误。而爸爸对自身错误的认知、愿意努力改正的认真态度，以及让自己变好的坚定意志，都会被孩子看在眼里，这无疑也会让他"有样学样"，正向努力，积极进取。

爸爸不"坑儿"的一个基本表现，就是我们自己各方面都能成为孩子学习的榜样，哪怕你没有出众的能力、出色的表现，但你有善良的本性、坚定的原则，有认真努力、不放弃的精神，那么孩子也必然会跟着你学习这些良好的做人根本，并在此根本上施展他的能力、释放他的才华。

第三，永远不要"摆烂"。

网络上有一个词叫"摆烂"，即感觉自己已经无法向好的方向发展，于是就干脆什么都不做，也不再努力，任由这样继续发展下去，要么是维持现状，要么可能比现在更差。

有的90后父母带娃就采取"摆烂式带娃"，比如，孩子在大街上哭闹，父母却选择远远看着不予理睬，任由孩子哭闹。父母这样做的目的，是想要通过反向刺激来达到教育的目的。

然而这种"摆烂"的教育方式其实并不合适，父母对孩子的种种表现无动于衷，直至孩子不得不妥协，这会让孩子觉得自己没有表达需求的权利，同时情感上也被孤立了，而且孩子并不会因为父母的冷漠就学会正确表达，他下次可能依然选择简单粗暴的方式来表达情绪。父母的"摆烂"，"摆"的是自己的冷漠与懒惰，可"烂"的却是孩子成长的正向需求。

在教育这方面，一些爸爸就习惯"摆烂"，他不仅对孩子的种种表现一副"事不关己"的样子，在其他事情上也表现得很是懒散，比如，很多爸爸只要不工作就变得无所事事，除了躺着刷手机，似乎就没有一点别的事可干。爸爸的这种颓废状态对孩子也会带来严重影响，如果你看到孩子整日抱怨"没意思"，对学习提不起精神，只愿意窝在家里什么都不干，那么你不妨先看看自己是不是在"摆烂"。

我们应该努力"摆好"，因为孩子更需要一个各方面表现积极的爸爸，至少能做到对孩子的情绪有回应，与孩子的沟通能顺利进行，可以和孩子一起做很多事……当然，如果再能做到认真对待自己的生活，始终保持蓬勃朝气，对任何事都能认真对待，总是活力满满，做事也积极主动，那就更能成为孩子崇拜的人。

想想看，如果爹做不好，儿又上哪里去学好呢？爹不好好教育儿，糊弄了事，最后儿闯祸了，看似是给爹惹了麻烦——所谓"坑爹"，实际上受伤害最大的还是"儿"。

每个孩子未来的人生都有无限可能，每一位父亲就是他走向美好可能的根基。爸爸不"坑"自己，便不会"坑"孩子，有良好表现的孩子自然也不会"坑爹"，整个家庭也就不会被"坑"，这才是我们家庭生活追求的终极目标，值得我们去努力。

"拼爹"，到底"拼"的是什么

长久以来，社会上一直存在"拼爹"的现象，即孩子不需要自己多努力，而是靠家里的背景，比如爸爸的身份、地位、财富、影响力等来获得旁人难以获得的东西。这种现象曾导致诸多不公平出现，也导致了很多爸爸因为没有足够可拼的"实力"而倍感遗憾，他们会很痛心地告诉孩子"爸爸没本事"。可见"拼爹"伤的不只是孩子，也是爸爸自己。

时至今日，"拼爹"现象依然存在，只不过，孩子可能不再只是过去那种凭借爸爸的特权获得什么，而是爸爸的身份、地位、财富、影响力本身就可以给孩子带来优势的成长环境，促使他们在一开始就比普通孩子跑得更快。

举个简单的例子，家境优渥的孩子，从上的学校到学的知识，从可接触到的知识来源到可学习的老师，从可涉猎的兴趣范围到可去到的地方，从可参加的活动到可竞争的比赛，可能都是普通家庭的孩子可望而不可即的，更不要说条件差一些的家庭的孩子，他们甚至可能除了课本再没有多余的课外书，除了学习再没有其他可改变"命运"的机会。

这样的对比之下，很多自身普通的爸爸会认为自己真的没有可拼的实力。然而，"拼爹"就只是拼这种看得见的"硬实力"吗？就只是拼"谁的爸爸更有钱、更有影响力"吗？

答案也不尽然。

2020 年高考，某省一对双胞胎兄弟分别以 687 分、685 分被清华大学、北京大学录取。

两兄弟的父亲是个地地道道的农民，虽然不能在学习上给他们任何指导，但他始终是两兄弟的依靠，他会和他们谈心、交流，认真听他们的内心想法，努力为他们做好后勤保障。

兄弟俩在县城读高三时，父亲每个周末都会把自己收拾得整洁利落，然后去城里看望两兄弟，不论寒冬酷暑，不论刮风下雨，从不间断，可以说是朴素如山的父爱给了两兄弟不断坚持向前的动力。

两兄弟圆梦最高学府，父亲的辛劳、淳朴与爱也得到了最好的回报。

这也是"拼爹"，只不过这位父亲拼的可不是什么财富，他只是做到了很多父亲都做不到的事情——陪伴、交流、做好后勤保障，且从不间断。仅就"从不间断"这一点，这位朴素的父亲就已经"拼"赢了大部分的父亲，不论贫富。而且，这位父亲所收获的，一点也不比那些硬实力超群的父亲差，甚至可以说，他的收获可能还超过了后者，毕竟现在很多父亲尽管自己的事业做得风生水起，可孩子却是他心头的一大痛点。这样来看，这位父亲赢得很踏实。

所以，现在再来想想看，"拼爹"到底拼的是什么呢？

财富、身份、地位、影响力这些东西都算得上是"身外之物"，只要努力得法，只要抓住机会，很多人其实也可以有触碰到这些东西的可能。但是，个人的内在却是看不到、摸不着的，是需要深刻的思想认知与变化、极大的毅力与耐心、踏实的努力和进步才可能有所改变的。

当今时代，要评价一个人的社会价值有多少，并不会以他的财富、身份、地位为标准，恰恰是这个人的内核才是人们关注的重点所在。对于每一位爸爸来说，"拼爹"可能是我们每个人都避不开的"竞争"，但拼什么、怎么拼、拼出怎样的结果，却取决于我们自己的认知、选择和主动行动。而真正的"拼爹"，硬实力可能只占极小一部分，更大部分的则是软实力的比拼。

不能破局，那就入局，在现如今这个时代，我们也要拼出自己的优势。接下来，就来看看现在的"拼爹"该怎么拼。

第一，拼你出现在孩子生活中的时间。

我国《家庭教育促进法》中规定，父母应当"定期了解未成年人学习、生活情况和心理状况"，同时还要"合理安排未成年人学习、休息、娱乐和体育锻炼的时间，避免加重未成年人学习负担，预防未成年人沉迷网络"。

从这样的规定不难看出来，作为监护人，父母对孩子要有足够且合理的关注，想要教育孩子，你必须先出现在孩子的生活中。你在孩子生活中出现的时间越多，你与孩子建立的联系才能越紧密，你们之间才更容易建立起良好的亲子关系，在这样的关系之下你的教育才可能有施展之机。

增加我们在孩子生活中出现的时间，不论是你亲自出现在他身边，还是因为各种原因而以信息、电话、视频、邮件等方式的出现，爸爸的出现都可以带给孩子安心感、可靠感，这是其他人替代不了的，前面那个案例中双胞胎的父亲，每周出现在他们身边就是对他们的一种最大的支持与爱。

所以，不要小看你在孩子面前出现的时间，多一分就会有多一分的意想不到，少一分就会有少一分的无法预料。我们总说"时间会给你答案"，你在时间里付出了多少，最终的回报就会有多少。想要"拼爹"，那就先拼个基础，把陪孩子的时间拼起来吧！

第二，拼你对孩子是否用心照顾。

从通俗意义上来讲，我们"拼爹"的一个重头部分，应该是看你是不是对孩子用心照顾，这个照顾包括但并不限于你的金钱、物质付出，更包括你在思想上是否给孩子足够的指引，是否对孩子有更多的关爱，是否能给孩子带去更多成长。

但遗憾的是，很多爸爸对孩子的照顾似乎局限于"我可以给孩子买很多东西"，变成了在金钱与物质方面对孩子的"有求必应"，甚至有时候还会"供大于求"。出现这种现状，除了爸爸经常性不在孩子身边，借助金钱与物质来作为补偿之外，另一个主要原因是很多爸爸对照顾孩子的理解就仅限于"我有钱给你买好多东西"。有的爸爸在教育孩子时还会说："如果你不听话，我就不给你发红包（买玩具）了。"还有的爸爸则在孩子不听话时说："我辛苦给你挣钱买玩具，你还不好好学习，也不听话。"

挣钱养家是我们所有成年家庭成员都应该做的事情，这是我们的责任，并不值得标榜。而教育孩子同样是我们所有成年家庭成员要做的事情，尤其是身为父母，这更是我们比其他事还要重要的责任。

真正意义上的"照顾"，除了要给孩子提供必要的金钱与物质之外，更要给他思想上、情感上的陪伴，给他足够的关爱，尽己所能地关心他成长中各方面的问题。

比如，我们对孩子的学习要有一定的关注，不要把督促孩子学习、解答孩子学习上的问题、与老师沟通孩子的问题等事情都完全丢给妈妈去做，这并不是妈妈一个人的责任。我们也应该及时关注孩子所在的班级群都发了些什么消息，主动提醒孩子要完成学习任务，和孩子就学习上的问题进行沟通，对孩子不明白的地方，如果自己有能力，可以积极帮忙解决。

还比如，我们也要关心孩子生活中的变化：掌握了什么新的生活技能？养成了怎样的生活习惯？有什么问题需要尽早提醒？怎样的表现是值得肯定的？遇到了什么不开心的事？交了什么样的朋友？对于男孩来说，来自爸爸的关注会让男孩更放松，且爸爸提供的建议或意见，是男孩成长过程中学习的重要参考；而对于女孩来说，爸爸给出的异性角度的关注，会让她感到安心，也会引导女孩产生更理性的思考。

作为爸爸，我们应该是出自"我想要好好照顾孩子"的心理，促使自己产生照顾孩子的主动性，而不是"作为爸爸，我只是妈妈照顾孩子的辅助"的心理，否则很容易产生不得不照顾孩子的被动感。

第三，拼你是不是能成为孩子内心真正的英雄。

在孩子心目中，爸爸其实都是"英雄"，比如小时候他拧不开水杯盖，但爸爸很轻松就打开了；骑在爸爸的脖子上，自己可以看到很远；家里有东西坏了，好像只要找爸爸就都能修好；受委屈了，有爸爸在，就感觉自己有了底气……

孩子认为爸爸能做到非常多自己做不到的事情，甚至是我们平时可能觉得无所谓的事，都是他眼中的英雄表现。尤其是如果爸爸从事的是军人、警察、消防员、飞行员、塔吊司机等职业时，孩子内心的英雄定义就是爸爸这样的；如果爸爸通过自己的努力取得成功，也将更会被孩子看成是英雄。

要成为孩子心目中真正的英雄，我们需要保持自己在孩子面前这种"全能"的表现。当然，不是让你真的做到事事全能，而是要有这样的态度，在孩子需要你的时候，你能出现，帮着他出谋划策，成为他内心安全感的来源；尽量保持积极上进的状态，在自己的工作岗位上认真努力，做出一定成绩；时刻都能看得长远，不为眼前小事斤斤计较，有宽广胸怀；遇到困难时——不论是孩子遇到困难还是家庭遇到困难，都要成为"顶梁柱"般的存在，成为家人的依靠；还有最重要的一点，时刻向孩子、向家庭传递一种正能量，善良、正直、真诚，有担当、有智慧、有头脑，坚持原则的同时又能很好地维护家庭，这些良好的表现也会让孩子学会如何做一个真正的英雄。

真正的"拼爹"，应该拼的是你的时间、作用、能力，拼的是你的格局、学习力、价值观。我们应该让孩子因为有一个能合理运用时间、可以发挥父亲作用、有良好个人能力的父亲而感到骄傲，应该让他有机会、有可能从我们身上汲取成长所需的养分。孩子是待成长的小树，父母就是养分充足的土地，以沃土来养大材，才是"拼爹"的真谛。

真学问和大文章从哪里来

我经常到各地去讲课，但几乎从来不逛景点，每次都是来去匆匆。有一次，我到东北某城市讲课，发现所住酒店旁边就是当地的博物馆，于是就去参观了一下。这家博物馆里有一个民俗馆，正对门口有一套旧式桌椅，两旁悬挂着一副对联：真学问从五伦起，大文章自六经来。看到这副对联，我深有感触，并深以为然。

人生真正的学问，是从"五伦"开始的。哪"五伦"？就是人生中的五种伦常关系，即"父子有亲（父慈子孝），君臣有义（君仁臣忠），夫妇有别（夫义妇德），长幼有序（兄友弟恭），朋友有信（朋诚友信）"，也就是父子（亲子）、君臣（上下级）、夫妇（夫妻）、长幼（兄弟）、朋友这五种关系。为人需要经营这五种伦常关系，如果经营不善，我们的生活可能会陷入不顺。

在讲课时，我经常会提一个问题：五伦关系中，最核心、最重要的是哪种关系？有回答父子的，有回答君臣的，有回答长幼的，有回答朋友的，却鲜有人回答是夫妇。其实，夫妇关系是五伦关系的核心，有夫妇才有父子、才有长幼……既然如此，那么在一个家庭中，最重要的是哪种关系呢？当然是夫妻关系，而不是亲子关系。

如果夫妻关系经营不好，将直接影响亲子关系，孩子也就很难教育好，几个孩子之间的相处可能也会出问题；夫妻关系不好，也会影响我们的工作，上下级关系可能会因为我们的情绪而出现问题；而我们的朋友，不论是生活中的还是工作中的，都可能会因为夫妻关系问题而导致朋友间的不和谐。

你看，一种关系处理不好，其他关系都会受牵连，这说明人生这五伦，彼此之间息息相关。我们都说"好好活着"是一门大学问，那么这门学问的根基，就是这人生五伦。一种关系处理得不好，其他关系都会受牵连，这说明人生这五伦，彼此之间息息相关，经营好你所能涉及的所有关系，你才能更好地度过人生，正所谓"真学问从五伦起"。

接下来再看"大文章"，什么是"大文章"？从通俗角度来说，很多人会认为古圣先贤的经典就是大文章，但实际上"大文章"并不只是简单地指那些文字的集合，它的"大"还有更深刻的含义。古圣先贤的经典，蕴含丰富的人生道理，只有认真读进去，深刻感受、发现、理解、体会这些文字到底讲了什么，有什么意思，才能理解这些文字所带来的震撼，其中之"大"需要人用更长久的时间认真研读。

那么对于孩子来说，真学问、大文章指的是什么呢？

2014 年，教育部印发的《关于全面深化课程改革落实立德树人根本任务的意见》提出，"将组织研究提出各学段学生发展核心素养体系，明确学生应具备的适应终身发展和社会发展需要的必备品格和关键能力"。

其中提到了"核心素养"，它包括 6 部分内容：人文底蕴、科学精神、学会学习、健康生活、责任担当、实践创新。人文底蕴、科学精神也就是文化基础，真学问、大文章，其实就是讲的人文和科学，"真学问"讲的是做人、做事，这是人文，"大文章"其实用现在的语言来描述就是科学文化知识，即科学。孩子要成长，既需要人文也需要科学。

其实，这副对联也体现了我国传统的价值观，而它也关乎中国家庭所应具备的家风。而一个家庭的家风好不好，其很大可能的影响来源往往就是父亲，或者说是父辈、祖辈，他们的眼界、格局、思想、原则、作风一脉相承，更会给整个家庭带来影响。

从这副对联再回到父亲教育的话题，作为家中的"顶梁柱"，我们有没有在家里建立良好的家风？有没有从祖辈那里继承一些好的门风？有没有想要把这些好的东西向下一代继续传递？正所谓，"忠孝持家久，诗书继世长"，往小了说，这是我们能不能经营好自己家庭的关键因素，而往大了说，它则牵扯到了整个家族发展的走向。

既然明白了真学问和大文章的重要性，我们应该怎么将有关教育落在实处呢？

第一，想要获得真学问，就需要维系五伦关系。

父子——保持良好的父子关系，和孩子好好相处，多多陪伴孩子，该快乐的时候一起快乐，该教育的时候一起找问题，努力建立一种令孩子信任、依赖、心服口服的关系。

君臣——放在现代人的关系之中，我们可以把它理解为工作中的上下级关系，也就是要努力建立良好的职场关系。而这种关系建立的基础，有一部分是我们要在自己身上先有所体现的，比如要做到踏实真诚，对于分配给自己的任务认真对待，做好自己该做的事情，不给整个团队拖后腿；要学会团队合作，不偷懒也不抢功，会与人良好沟通，表达自己正常意见的同时也能接纳对方的合理意见；遇到问题敢于承担责任，不骄傲、不自满；与人和睦相处，保持谦逊有礼的态度，有一定的分寸感。

夫妇——也就是夫妻关系，在五伦关系中具有重要地位。夫妻关系是维系家庭的重要支柱，我们从心理上应该将对方看成是最亲近的人，要尊重对方，并多关注对方的优点，遇到问题及时沟通，努力做到同甘共苦。

长幼——狭义理解，就是指同辈的兄弟姐妹，要做到兄（姐）友弟（妹）恭，也就是说，兄弟姐妹之间要手足情深，和睦相处；广义理解，也可以指代长辈与晚辈之间的关系，长辈关怀照顾晚辈，晚辈尊重孝敬长辈，一家人其乐融融，和谐向前。

朋友——多结交益友，远离损友；真诚待人，友好相处；与朋友互帮互助、共同进步，而不要意气行事。同时，也要妥善处理朋友关系与家庭关系，比如有的人能陪朋友喝酒谈天多半宿，却不愿意在家陪孩子一起玩 10 分钟，这就值得反思了。

人生在世，大部分人都离不开这五种伦常关系，以夫妻关系为核心，将五种关系经营好，才能真正把"好好活着"这门大学问钻研透彻。

第二，面对大文章，则需要我们去静心阅读。

大文章皆是经典，要想读懂大文章，要求我们去阅读经典。那么经典指的什么呢？经典之所以为经典，是因为其中的文字，更因为其文字背后所蕴含的深刻含义。所以，想要读懂大文章，的确更需要我们安下心来好好阅读。

不过在现在飞速发展的时代，很多人连阅读都做不到，更不要提阅读大文章了。而也正因为缺少对大文章的领悟，以至于很多人的生活并不顺利。比如，有的爸爸经常会在一些事情上产生挫败感，像是教育不好孩子、工作进行不下去、跟不上时代变化的节奏等，这些不顺利会让爸爸们感觉自己格外的"苦"。然而这些不顺利的根本原因，可能都与缺少足够的知识沉淀有关。只有经常接触大文章，我们才可能见识到更多的知识，这些知识自有人生道理，会给你带来更多的感悟，读的文字越多，精神食粮越充足，思想越深刻，内涵越丰富，行动起来自然也就更有底气，成功的概率才更大。

我们好像一直都在对孩子强调"要好好学习""要多学本事"，督促他去接受了更多的知识，但对我们自己是否看得到大文章，是否能从中有所学习却并没有那么在意，而要不要阅读大文章、读多少大文章，显然都出自我们自己的主动性，也就是说我们是自己主动放弃了最好的学习机会。比如，有的父母可能会说："我孩子想要看什么书我都给他买，他想要学什么，只要对他的未来有好处，我都愿意让他学。至于我自己就无所谓了，我也就这样了，只要孩子好比什么都强。"

这样的想法可并不能给孩子带去好处，如果我们自己尚且领悟不到大文章的重要性，只是道听途说，只是看别人准备什么我们也准备什么，那么孩子对这些所谓的"大文章"也不会有多么深刻的认识。

所以，不要小看学习，不要只看到"大文章"是好文章，我们应该要学习吸收其中的"好"，努力把它变成自己的东西，变成可以随口就能给孩子讲出来、做出来的道理。这样你的教育就不仅有权威，还有据可依。

是时候换一种心态来看待"大文章"了。所以，不妨给自己买几本书。如果你实在不知道从哪里看起，那就不妨从你知道的那些经典入手，四书五经、《史记》《资治通鉴》……你知道哪本书的名字，就翻开哪本开始看。一边看，一边想，让自己沉浸在这些"大文章"所带来的精髓奥妙之中，让自己领悟其中的思想与内涵，时间合适的话，随手记录下来，这样才可能发现这些"大文章"可以从哪些方面给我们的人生带来指导。你不需要"一口吃成胖子"，但需要坚持不懈。一本本看下来，你会慢慢找到自己想看的方向，如果你在哪方面有更大的兴趣，还可以找专门介绍或解读这方面内容的书继续做深度阅读。

而通过我们自己的阅读，再结合孩子的真实情况，我们就能找到更适合孩子去接触的"大文章"，也能与他进行探讨，给他讲清楚其中蕴含的道理。也就是说，"大文章"不仅是帮我们和孩子提升自身内涵的重要工具，同时也能加深我们与孩子之间的紧密联系。

实际上，真学问、大文章，也可以被看成是孩子"拼爹"的内容，当我们具备这些"资本"时，我们自身的成长将会更快，对孩子的影响也将更大。而对整个家庭来说，当爸爸不论是从外在还是内在都能担当起"顶梁柱"的大任时，家庭乃至家族的发展都将受益无穷。

引导孩子学会立大志

对于每一个人来说，人生只有立定志向，才代表成长有方向，才能知道自己未来应该怎么走，知道自己要去干什么，要去实现什么。显然，志向越是远大，人可能走得也就越远；志向越是高尚，人生也就越有意义。

简单来说，立志就是明白"我以后要干什么"，就像我们小时候都会说，"我长大要当科学家""我长大要去开飞机""我长大要当宇航员""我长大要做医生"……那么，如今的孩子又有怎样的志向呢？

曾有一则新闻报道说：

2019 年底，有教育机构对北京的多所小学进行了关于"职业理想"的抽样调查，结果居然有将近 80% 的小学生希望长大后成为网红，就是孩子们在小学时，他们的志向就是"以后当网红"。那为什么要当网红？孩子们给出的解释是"因为网红能赚很多钱"。

类似的新闻报道在国外也有：

早在 2017 年 5 月，英国一家大型旅游公司就调查了 1000 名 6~17 岁孩子的志向，结果排名前两名的志向分别是："在视频社交网站上成为名人"和"成为博客或视频网站的博主"，人数占比分别为 34.2% 和 18.1%。至于为什么想在社交网站上成名，孩子们给出了各式各样的答案，排名靠前的七个答案是：有创造力、名气大、有自我表现空间、能挣钱、可以结识酷酷的人、能得到他人认可、可以去好玩的地方。

孩子们的志向也是随着时代的变化而变化的，通过关注身边的生活，他们内心对自己的未来就会有不一样的规划。网络红人的兴起具有一定的时代背景，网络飞速发展，人与人彼此的联通越来越便捷，这就给网络红人的出现提供了便利。

但网络红人也具有两面性，好的一面是，它是一个可以尽情展示自我的平台，并能带来更广泛的传播影响，尤其是在一些正能量事件上，它可以更快速地扩散这种积极奋进的精神，给更多的人带去振奋的力量；但令人担忧的一面是，它也的确复杂不好界定，比如，有的人纯粹以成名、赚钱为目的，做一些只为博眼球却不顾及三观德行的事，这就很容易将人引入歧途，而且恶劣影响也会被广泛扩散。

也就是说，我们不能很肯定地说像是"网络红人"这样的志向就是好的或者就是坏的，说到底，我们还是应该把关注点放到立志向的人——也就是孩子身上来，当孩子在我们的引导下能做到身正心稳，那么相信他不论立志做什么都不会有太大问题。

所以在飞速发展的时代，这些不断接受大量新生事物的成长期孩子，要怎么立志、立什么志，就更加需要来自父母的正确引导，这样他才能通过立志实现自己的人生价值。

那么这个时候，爸爸的作用就又显得重要起来，有开阔的眼界、大格局的爸爸，他自身的大志向就能成为孩子学习的好榜样，同时还能引导孩子看得更长远，也立下自己的大志向。

要引导孩子立大志，我们都应该做些什么呢？

第一，以正确的三观来向孩子解释"立志"这件事。

孩子有什么样的志向与他所处的环境关系紧密。所以我们怎么看待志向、我们有什么志向、我们对某些志向又有什么理解，这些都会成为影响孩子立志的主要因素。

显然，如果我们经常在孩子面前讨论"为祖国立大志""我要努力把手头的工作做好""我想要比之前有更大的进步"这样的话题，那么孩子所关注的重点就是"积极向上"，他就会关心"什么样的志向算大志？""努力就可以实现志向吗？""怎样才能有更大的进步"等这样的问题。

孩子其实都会希望自己能和父母保持一致，比如你看了什么书，他也会好奇地想要看看。所以，你平时关注的内容如果是积极正向的，那他多半也会努力想要靠近。那么，这个时候你再和他聊起大志向，他就会很认真地听，也会很容易接纳，因为你对大志向的理解和自己对大志向的追求已经成为他最好的参考。

至于说孩子在其他环境下受了影响，比如他从学校回来跟你说"我长大要当网红"，怎么办呢？没必要太紧张，你不如就顺着他的说法和他聊一聊，告诉他"即便是网红，也不只是表面光鲜"，让他明白每个人要做一件事都要付出一定的努力，就算是网红，他也要有积极的思想、足够的能力、良好的表现，而要获得这些都需要不断学习才可能实现。也就是不论志向如何，他都必须要经历踏实学习这一步。

当然，如果孩子所提到的志向的确与我们所设想的不符，或者与正确的价值观不符，也还是先引导他去学习，随着他所学越来越多，视野越来越开阔，思想越来越深刻，他自己就会发现有些志向并不合适，那我们的引导自然也就达到了目的。

第二，引导孩子立志追随圣贤。

《朱子治家格言》里有一句话"读书志在圣贤，非徒科第"，意思就是读书一定要有志向，要"志在圣贤"，努力提升自己的境界，不能一心只为了考取好名次、为了做官、为了追求功名富贵。

为什么要立志学习圣贤？因为圣贤之人拥有大智慧，能明理，更有能力，这样的人所见、所想、所得都会更丰富，如此一来又何愁不能成事？

可能有的爸爸会说了，圣贤离普通人太远了，其实正因为远，我们才要引导孩子立志"学习"圣贤，也就是让孩子心中始终装着圣贤，虽不能至，心向往之，这就是一种积极向上的念想。

"心想事成"其实并不是一句虚无缥缈、没有意义的话，如果孩子能一直想着"我要向圣贤学习""我要做圣贤那样的人"，那么他的思想就会指引行动，他就会自动自发地去学、去做，会努力学得更多知识，练得更多本领，会不断"三省吾身"，会懂得"反求诸己"，会意识到"三人行必有我师"，也会时刻记得"勿以恶小而为之"，提醒自己"勿以善小而不为"。那这一系列行为下来，他其实就已经在一步步向圣贤靠拢了。以圣贤为榜样去成长，这难道不是对孩子最大的鼓舞吗？

第三，鼓励孩子"立长志"而非"常立志"。

在立志这件事上，孩子有时候会表现出一种不稳定性，他很容易会因为环境的影响而随时改变志向，比如有的孩子就说："我一开始想当科学家，后来我发现自己学习成绩不好，不一定能实现，就立志当一个技术工人，但最后妈妈又劝我说当医生比较好，所以我现在的志向就改成了做一名医生。"

孩子的人生阅历浅，他们只能根据自己目前人生短短的前几年来"说"志向，对自己到底能做什么并不确定，有的志向可能持续一个月，有的志向甚至第二天就已经发生了改变。这就是所谓的"常立志"，这样的立志基本没有太大意义，三分钟热度就只能算幻想，于他长久的发展并没有什么好处。

正确的做法是要引导孩子"立长志"，就是要和他一起去寻找他到底喜欢什么，到底想要做什么，而我们也要不断去发现孩子真正适合什么、想要什么。我们引导孩子立下的志向，应该是10年、20年、30年这样的目标，一个理想理应是持续一生的梦想，这样孩子对志向的态度也将会是端正而庄重的，也会值得他真正重视起来。

第四，提醒孩子"立志不是立起来就算了"。

有的孩子把"立志"看成是一项任务，只要知道了"我以后想要干什么"，立志这件事就算完成了，以后就可以不用管了。这显然是不行的，立志是为了以后的成长发展，所以立志理应是日后努力奋斗的开始。

此时我们也要拿出爸爸的威严来。多和孩子聊一聊，把自己的经历拿出来讲一讲，告诉孩子自己是怎么对待志向的，说说自己小时候的志向现在有没有实现，以及自己在志向方面有没有什么遗憾。当孩子发现，能让他仰望的爸爸对志向都如此认真，那他也会改变过去那种"得过且过"的想法，转而愿意为未来而努力。

而且，要实现志向从来都不是一件容易的事，每一个阶段都可能有不同的困难，这就更加需要孩子始终以志向为灯塔，坚持不懈才可能不断向目标靠近。我们就可以从现在开始成为他志向之路的呐喊者、支持者，也成为他最有安全感的靠山，帮助他永不放弃。

爸爸的思想高度，影响孩子的人生高度

　　思想是什么？这里说的"思想"很简单，它是一种抽象的内容，是在大脑中的一种意识形态，或者说是想法、念头。

　　思想积极正向，对事物的发展就会起到促进作用；反之，则会起到阻碍作用。一个人的思想高度，可以决定他的眼界、格局，决定他的人生到达怎样的高度。当然，这种思想高度还会"向下决定"。什么意思呢？意思就是爸爸的思想高度不仅影响自己，也会影响在他身后以他为榜样的孩子，爸爸的思想高度也将影响孩子的人生高度。

　　来看这样一个例子：

　　　　有个刚上一年级的小男孩，每次打扫教室卫生的时候都很不积极，老师提醒他："我们大家要一起劳动。"他就说："我爸爸说了，打扫卫生的小事才不是我们男子汉该做的，我是要做大事的人，我爸爸在家就不干活，都是我妈妈和我奶奶做。"

　　孩子会把爸爸的言行当成自己的行事标准，不论对错，所以爸爸的思想认知也会影响孩子的思想认知。显然这位爸爸的思想出了问题，那孩子也就跟着建立起了错误的认知。由此可见，爸爸的思想一定要正，这个"正"包括正确、正派、正见、正行、正念等，努力向这些"正"靠拢，做到这些"正"，哪怕只做到了一部分，思想也就有一定的高度了。拥有正向思想的爸爸，自然也能教育出同样上进的孩子，这在历史上也有很好的证明。

唐宋八大家中，苏家就占了三位——苏洵、苏轼、苏辙，一门三大家。苏洵是爸爸，苏轼、苏辙是儿子。两兄弟小时候非常顽皮，不爱学习。

其实，苏洵年轻的时候，也是不爱读书的。《三字经》说的"苏老泉，二十七，始发愤，读书籍"中，"苏老泉"就是苏洵，他到27岁才发奋读书。他28岁的时候，苏轼出生；30岁的时候，苏辙出生。也就是说，他两个儿子出生时，他已经开始努力读书了。

每当他的两个儿子贪玩的时候，苏洵就坐在他们看得到的一个角落里聚精会神地读书，读到精彩的地方就喜形于色、手舞足蹈。两兄弟很快就被吸引过来，这时苏洵却会故意"藏"起书，可越是藏，两个孩子就越好奇，认为爸爸的书里肯定有一些有意思的故事。后来，两兄弟就趁着苏洵不在的时候把书翻出来，自己认真阅读。

慢慢地，苏轼、苏辙也把读书当成了一种乐趣，成长也渐渐入了正道。于是，历史上就诞生了有名的"三苏"。唐宋八大家，苏氏父子尽数入席，成就了一个传奇。

由此可见，在思想认知方面，爸爸要努力做一个"高"人，做一个"通达"的人。那怎样才能达到"通达"的高度呢？以下三方面可供参考。

第一，爸爸要做一个"通晓洞达"的人。

通晓洞达，就是对世事道理理解得清楚、看得透彻。在很多家庭中，爸爸会被当成是家中最重要的"顶梁柱"，也就是爸爸需要挑起家中的重担，但挑着这担子要往哪里走、怎么走，可能遇到什么困难、遇到困难后又该怎么办，这就需要挑担的人具备通晓洞达的能力。

所以，如果我们想要挑起家庭重担，并把这个担子挑好，那就要对自己有更高的要求，要更努力地学习知识、磨炼能力，更认真地去思考问题、付诸行动，更严格地约束自我，遇事反求诸己，不断完善自我。

当我们这样做的时候，也会给家中其他成员带去动力。比如说妈妈，妈妈更愿意看到一个活力满满、始终坚定的爸爸，这会让她感觉到家庭建设并不只是自己一个人在努力，爸爸的进步会让妈妈也愿意自我努力变得更好，夫妻彼此互相促进是一个家庭越来越兴旺的重要基础；再比如说孩子，通晓洞达的爸爸在他看来就像明灯，这无疑会给孩子带去安全感，爸爸的言行举动都会更吸引孩子的目光，他也会跟着爸爸一起明白什么是责任、努力和上进。

事实上，通晓洞达是每个人都能做到的事，妈妈也不例外，所以，如果孩子妈妈正在向这个方向努力的话，我们做爸爸的也不能落后，如果我们现在各方面表现还没有那么好，那就先从积极改进开始做起，和妈妈一起为家庭而努力，让孩子看见爸爸的积极变化，这也是我们实现自我人生价值的一项重要内容。

第二，爸爸要做一个"通情达理"的人。

通情，就是要通晓人情世故，通晓夫妻之情、儿女亲情；达理，就是要通晓义理，明伦理，守道德，讲原则。一般来说，只要具备足够多的知识，爸爸应该就能达理，但理从来不是单独存在，爸爸还要做到通情。而在"通情"这方面，有的爸爸做得可能并不算好。

其实从生理角度来说，男性思维本就偏理性，做事喜欢直来直去，很多时候会猜不透对方的心理，言谈处事时就会显得只讲道理而不近情理。举个简单的例子，妈妈有时候会心情不好抱怨几句，但从女性角度来说，她可能只是想有人倾听，想要发泄自己的情绪，想要得到理解和安慰，但很多爸爸在听见妈妈的抱怨之后，可能都会直接去讲道理，或是反驳妈妈的说法，或是指责妈妈的抱怨，结果让妈妈的心情变得更加不好。

虽然这是生理原因，却并非不可改变，我们可以试着改一改。比如，在讲道理之前先善解人意，也就是学会换位思考。这一点不论是对妈妈还是对孩子都很重要，很多爸爸总是站在自己的角度去处理家庭矛盾和孩子的问题，但实际上，如果换个角度，站在妈妈的角度，你会发现有时候你的"大男子主义"的确令妈妈很难过。多关注妈妈的辛苦、妈妈对问题的看法，你也许就不会和妈妈有那么多分歧；站在孩子的角度，你就能意识到你的很多看法太"成熟""理智"，孩子远远达不到你的高度，只有站在他的位置，你才能看到他眼中的世界，意识到他的问题，并给出更符合他需求的帮助。

第三，爸爸要做一个"沟通传达"的人。

沟通传达，也可以理解为上传下达。作为"理性"的代表，爸爸其实本就是家中上传下达的最佳人选。

比如在我们自己的小家庭中，妈妈会更为感性，有强烈的情感爆发力，对很多问题也更多地从情感角度去选择和判断；而孩子年龄小、阅历浅，做事又会莽撞，成长期中也容易叛逆，也就经常会出错。这个时候，妈妈和孩子之间就容易出现矛盾，那么爸爸此时就可以起到安抚妈妈、引导孩子的重要作用。

还比如在和长辈一起居住的大家庭中，不论是婆媳关系出了问题，还是老人与孙辈之间有了代沟，爸爸也一样要以自己的理性来调和不同的矛盾，起到缓和家庭气氛的重要作用。

那么要实现沟通传达，我们就要努力保持自己的情绪稳定，开阔心胸，不斤斤计较，还要提升自己的表达能力，并结合前面的通情达理，成为家庭氛围的"调和剂"。

总之，一个"通达"的爸爸必然会为整个家庭的发展带来重要的推动力，孩子在这样的家庭中成长，就像小船航行，水涨势必船高，他的人生高度也将不断提升，创造属于自己的辉煌。

把"创富""保富"的真谛教给孩子

当今社会，很多人都讲求实际，追求"价值"。人与社会密不可分，所以我们每个人的价值就包括个人价值与社会价值。所谓个人价值，就是个体存在的意义（个体对社会的重要性、责任和贡献）和个体需求的满足，也表现为社会对个体的尊重和满足。所谓社会价值，就是个体对社会需求的满足和对社会进步的贡献。

简单来说，就是我们每一个人，都应该努力做好自己，创造足够的价值，既满足自己，也奉献社会。而从更实际一些的意义来看，这个"创造足够价值"，也可以说是"创造足够财富"，财富会让我们更好地满足自己，也能更好地回馈社会。

那么说到"创富"的话题，很多爸爸就很有"发言权"了。比如，有的爸爸可能会说："我这么努力挣钱，就是为了给孩子做个榜样，让他也能像我一样努力挣钱。"但也有的爸爸会说："我这么努力挣钱，就是为了让孩子不用像我一样这么费劲，让他可以有足够的钱去生活。"

这是两种不同的论调，前一位爸爸说要让孩子学会挣钱，这就是创富的过程；后一位爸爸说要让孩子有钱好好享受，这就是保富的过程。但不论是创富还是保富，可都不是我们这样随便说说就能实现的，我们理应将创富、保富的真谛教给孩子。

先说创富。

创富，意思就是创造财富，或者更通俗的理解就是开始挣钱。那么为什么要挣钱、怎么挣钱就是创富的关键。

为什么要挣钱？有的爸爸会脱口而出："不就是为了养家嘛！就是为了让家人生活得更好，为了让孩子想吃啥就吃啥、想去哪儿就去哪儿。"这可能的确是很多人挣钱的初衷，但随着所挣钱财越来越多，你是否还能守得住初心？你挣钱的目的是不是依然单纯？

怎么挣钱？挣钱之途千千万，三百六十行不只是出技能能手，也同样能出创富高手,你能确定自己挣钱的途径是合法、合规、合德的吗？

如果一时间没挣到钱，你是否又能禁得起诱惑而不去铤而走险呢？

如果在这些问题上都没有想清楚，那么我们在挣钱这方面就是一本糊涂账，我们挣钱的过程、挣来的钱，就都会变成悬在我们头上的达摩克利斯之剑，说不定什么时候就会导致人财两空，并给孩子留下心理阴影。

所以，关于如何创富，要让孩子有清醒的认知。

不过在今天这个时代，和孩子谈金钱并不像之前那样那么有实体感，以前我们一说到钱，就可以通过不同面额的纸币、家里的存折、银行卡等等比较明显的可以代表钱的实物，来教孩子认识钱，了解钱币之间的换算，还可以让孩子清楚地看到我们手里的钱是怎么来的，又是怎么花出去的。

但现如今我们进入了数字经济时代，实体的金钱变成了手机上不断变化的数字，出门消费过程也变成了"扫一扫"。我们的生活变得更方便了，但孩子却只能看见"爸爸妈妈掏出手机就什么都能买"，由此他便会误以为消费就是"只要有手机就能实现"的一件事，会以为"有手机 = 有钱"。

所以，我们应该跟随时代变化来调整教育的方式和内容，不仅要让孩子认识真实的纸币、银行卡，还要让他能通过看似简单的数字认识到金钱的本质。可以给孩子讲讲手机上的那串数字和真正的金钱之间的关系，告诉他那就是我们所拥有的财富的数字体现，不过这个数字不是凭空出现的，不是你想要有多少就有多少，因为财富的获得依然要靠我们的辛勤劳动。只不过是现如今科技的发展，使得我们钱财的显示、流通方式都变得更加便捷，但如果你想要看到这个数字变大，还是要靠足够的付出才行。

此时，我们还可以把"爸爸经常出差""爸爸总是很忙"这样的话题也加进来，"爸爸为什么不能经常陪着你？"就是因为爸爸需要努力工作，才能让手机上那个数字变大，才能保证我们想要买什么东西、去哪里玩的时候，用手机"嘀"一下就可以了。

通过这一点我们也可以给孩子讲清楚"一分耕耘，一分收获"的道理，就是不论怎样，金钱的本质意义是没有变化的，不劳而获、投机取巧都不可行，想要获得好看的数字、满意的数字，就必须要付出足够的汗水，这样的数字变化才能让人有踏实的成就感。

关于创富，还有很重要的一点要让孩子明白，那就是"君子爱财，取之有道"，简单来理解就是我们只去获取来自正道的钱财，而不要不义之财。这个内容包括两方面：一方面是指我们挣钱要有正途，就是去做正当生意、干正当工作，踏实本分地付出，挣自己该得的那份钱，是多是少都是自己堂堂正正劳动得来的，拿得心安；另一方面则是指我们要有分寸，就是不能贪心不足，因为钱是挣不完的，若你总想着无休止地挣钱，那你势必会变成金钱的奴隶，渐渐地你就会对挣钱的途径变得没有辨识能力，结果反倒会走上歧途。

其实，这个时候我们还可以给孩子讲讲自己的工作，有机会就带他去看看爸爸的工作场所、工作内容，就是让他看到爸爸是经过怎样的付出，才获得了手机上的那串数字，让他看看爸爸所说的"正当工作"应该是什么样的，帮他建立起实际工作与数字之间的联系，让他对那串数字有更实际的体会。

另外，我们还要教孩子懂得"富群方能富己"，简单来讲就是欲求多福，须先造福于人，共同进步、共同发展，取得共同富裕，才是发展的正途。也就是创富也需要一个大格局，眼光要放得远一点，胸怀要宽广一点，这样才能更长久地创造财富。

说完创富，我们接着再谈谈保富。

自古至今都有一个规律："打江山容易，守江山难。"同样道理，创富可能相对容易一些，就是你只要在正途上付出足够辛勤的劳动，那你就能得到一定的回报。但那些钱到手之后，你手机上有了那一串数字之后，你能保证它们出现合理的变化吗？能保证它们不会在短短时间就迅速归零甚至变为负数吗？

有人可能会说，钱没了再挣，但你要知道"由俭入奢易"，"由奢入俭"一定难。本来生活富裕，但不懂得保富，很多钱都被浪费掉了，等你真正需要用钱的时候，就会发现一分钱难倒英雄汉。

而且，这种不懂得保富的态度对孩子也将产生不良影响，有很多所谓的富豪都会说"我孩子不需要努力，我孩子不需要知道辛苦，我挣的钱足够他花"，这其实并不是什么好事，因为孩子如果从一开始就对创富、保富没有概念，那么他对金钱的概念也将等同于粪土。所以才有"富不过三代"的说法，就是因为有些人自己就不懂保富，也没有把保富的概念教给孩子，你不理财，财自然也就不理你。

那么怎么保富呢？其实保富也是一种家风传承，首先要从我们自己做起，然后再让孩子养成良好的习惯。

首先，做正确看待财富的好榜样。

我们对于财富的态度，将决定孩子对财富的态度。所以平时在孩子面前提到钱的事就要注意分寸，既不要总是财大气粗地对孩子说"随便花，你爸有的是钱"，也不要告诉孩子"我们家非常穷"，以免孩子自卑、抬不起头来，徒增压力和烦恼。你不妨这样来说："根据我们家的情况，我们尽量满足你合理的需求。"

平时应该减少对财富与家庭贫富之间关联的描述，富裕不要炫耀，贫穷也不要哭穷，而是让孩子明白金钱的实际作用，即"在一定范围内去满足合理生活需要"。

也就是说，我们对财富持有一种理性的态度，富裕却不刻意炫耀，清贫却精打细算，这才能让孩子理性看待贫富，既不会对富裕过分追求，也不会对贫穷过分排斥，可以渐渐培养对财富的理性认知。

其次，鼓励孩子自我奋斗，实现个人价值与社会价值。

很多爸爸总会把"我给我孩子挣钱"这样的话挂在嘴边，并以此作为自己不经常陪伴孩子的补偿，可实际上，我们又能陪他多久呢？

日后孩子长大了，他如果是依旧躺在我们积累的财富上只懂享受，变成"啃老族"，难道我们就不为他的以后担心吗？而且自小就不知道努力的孩子，你确定他守得住你给他挣的财富吗？

林则徐曾经说："子孙若如我，留钱有何用？贤而多财，则损其志；子孙不如我，留钱有何用？愚而多财，益增其过。"意思就是，如果子孙后代和我一样有能力，给他们留那么多钱，钱多损志，没有用；如果子孙后代还不如我能力强，给他们留钱，只能让他们犯更多的错。

所以，我们谈财富也要想得长远一些，有位爸爸就这样告诉孩子："你现在用的所有钱，是我和妈妈挣的，但这是我们努力的结果，不是你的，你只是一个享受者。以后当你有能力了，你就要自己挣钱自己花，你还要努力挣钱回报社会，这是每个人长大必然要有的经历。"

这样的教育就很好，每个人都要有自己为自己奋斗的意识，有为社会奉献自我的意识，越早让孩子知道这一点，他变成"啃老族"的可能性就越小，他实现社会价值的愿望也就会越强烈。

至于说怎么奋斗，那就还是要鼓励孩子从现在开始努力学习，培养德行、增长本领，为日后自己创造价值和正当财富积累足够的资本。

最后，教孩子合理规划自己手中的钱财。

金钱只有流通起来，发挥作用，才能体现它的价值，否则它就只是一个数字而已。但要怎么流通，怎么发挥作用，其中也有学问，也需要我们给孩子一些财商方面的指导。

比如，有的家庭有很好的记账习惯，每一笔钱花在了什么地方、有什么意义，进账多少、消费多少、结余多少清清楚楚，那么我们就可以经常带着孩子来记账，让他知道对于家庭生活来说，怎样使用金钱才是合理的。另外我们在消费的时候，也可以让孩子明白什么叫"有限度的消费"，什么叫"货比三家"，什么叫"物美价廉"，什么叫"理性消费"。

随着年龄增长，可以适当给孩子零花钱，从一开始就和他约定好，比如什么时候给他钱，一周或半月给一次，提醒他自己也试着记账，至少自己要知道钱都花在什么地方了。我们也可以隔一段时间就和他聊聊他的消费，纠正他的不良消费习惯，引导他正确使用金钱。

关于财富的话题越早开始越好，孩子终究是要走入社会的，创富和保富也属于他的社会技能，这两项技能越强，他日后才会生活得越好，对社会的贡献也会越大。

第四堂课

学会在孩子面前 "包装" 自己

工作时我们通常会"包装自我"，即尽可能展现自我，以获得更好的工作效果。而在教育孩子时，一些爸爸却不懂得"包装"，结果孩子眼中爸爸的形象与他心目中的高大形象严重不符，这无疑也会影响教育的顺利开展。所以，教育过程中的"包装自我"也很重要。

让孩子看到爸爸光鲜的一面

很多人会很自然且分明地区分自己在家与在外的形象，在家就完全放松，随便什么衣服往身上一套，歪着躺着怎么舒服怎么来；出门时往往都会打扮一番，把自己收拾得比较干净整洁，向外界展现一个良好的形象。

对于大多数人来说，家是一个比较私密的空间，可以更随意、更自由，所以基本都不会太在意自己的"居家形象"。但是当这种形象被孩子看见之后，他却可能会有不一样的感受。

有一位教授在一所非常有名的师范大学任教，他本人也很有名，受到学生的爱戴。他有一个儿子，但儿子对他却没有多么信服，儿子的说法是："就你这样的，你还当教授呢？"

先不说这个儿子的说法是不是妥当，但他说话时这掺杂着瞧不起、质疑、不屑的语气其实也有迹可循，因为他眼中的爸爸和学校学生们眼中所看到的他爸爸其实并不相同。他眼中的爸爸，在家就是穿着大背心、大裤衩，随意往哪儿一歪一躺，头发杂乱，很是不修边幅，在家和妈妈讨论的也不过都是柴米油盐、水电煤气的琐事（当然，这位教授在家钻研学术的场景，可能儿子看不到，或者没有注意），所以他无法从这样的形象建立起"我爸爸是个教授"这样的印象；而学校学生所见到的教授，衣装整洁、头发梳理得整整齐齐，举手投足都有学者派，站有站相、坐有坐相，上课旁征博引、滔滔不绝，回答问题条分缕析、严谨自洽，与学生交流时更是风度翩翩、挥洒自如，还可能通过各种方式来为大家排忧解难，可谓学生们的良师益友。

儿子没有见过教授模样的爸爸，所以他对教授的理解就是家里所见的爸爸的样子，这不仅是他自己认识不全，更多的原因其实是我们没有意识到要向他展示一个完整的自己。如果这位教授把儿子带到学校去，让他和学生们一起听一节课，看看爸爸的工作状态，看看学生对教授的尊敬态度，说不定他就会有所改观。

所以，一个好爸爸的必备条件中，有一项很简单也很基本的内容，那就是我们在孩子面前最好做到"有模有样"。可能有的爸爸会疑惑："我回家了都不能轻松自由一些吗？回家了还得正襟危坐吗？"

家的确是让我们放松的地方，但当你有了孩子，你的任何言行举动都会被孩子看在眼里、记在心中，比如你现在回头看看你的孩子，你会发现他瘫在沙发上的姿势和你是一模一样的，或者说他穿衣随意的样子，和你也基本没有分别。

这样一种形象让孩子只感觉到"我爸爸就是这样子随便"，就算你告诉他自己多有能耐，他也没法联想，或者给他一种"男人在家就应该是这样子"的错觉，那么他日后建立自己的家庭，也将会把这样的"家风"传承下去。

有人可能会说："我们不是不提倡以貌取人吗？我可以给孩子讲很多人生哲理。"讲什么哲理呢？比如有的爸爸会给孩子讲自己是怎么处理很多困难的，也有的爸爸把自己说得很有威严、很有魄力，还有的爸爸甚至会夸大、虚构一个了不起的自己。

对此，你可能会说："重要的不是外在，而是我给孩子讲的道理，所以穿什么无所谓。"但你不妨来想一想，如果是你，面对一个穿着随便、不注意仪容的人，还给你讲一堆大道理，你恐怕连听的兴趣都没有，更不会相信他所说的那些大道理了。

南宋理学家、教育家朱熹曾作有一篇《童蒙须知》，开篇他提到"夫童蒙之学，始于衣服冠履"，他认为，"大抵为人，先要身体端整。自冠巾、衣服、鞋袜皆须收拾爱护，常令洁净整齐。我先人常训子弟云：'男子有三紧，谓头紧、腰紧、脚紧。'头谓头巾，未冠者总髻。腰谓以绦或带束腰。脚谓鞋袜。此三者要紧束，不可宽慢。宽慢则身体放肆，不端严，为人所轻贱矣。"可见，古人教育孩童都要从衣服冠履开始教起，当然，做父母的也是以身示教。没想到，今天的教育者也就是父母反而在自己的外在形象上毫不在意。

所以说到底，做爸爸的要怎么展示权威、怎么让孩子信服、怎么给孩子树立好榜样呢？对此，我们不能只关注内在的重要性，外在的形象也应该注意。

第一，选择合适的家庭休闲形象。

在家到底应该怎样呢？在自己的家里，还不能随便想穿什么就穿什么吗？在自己的家里，还要受到跟在外一样的穿着约束吗？这岂不是回家也不能放松了？

如果这个家里只有你一个人，那么你关起门窗，怎样穿着是你的自由，可你现在是孩子的爸爸，你的背后就永远都会有一双眼睛在看着你。

生活中或者工作中我们都会讲到一个词："包装"，也就是尽力帮助人或事物能对外有更完美的展现，以实现其价值。那么在家里我们也需要有"包装"，你选择什么样的"包装"，你的孩子就会对你留下什么样的印象。

回家当然可以穿得随意一些，那就选择合适的休闲服装，比如合适的家居服，或者方便家中行动的简单干净的服装。有人可能会说："回家我还要干活儿，哪能穿得那么利索，干起活儿来一会儿也就弄脏了，有必要注意形象吗？"我们要注意的，并不是外在的衣服所带来的形象，而是要注意自己爸爸这个身份所应该呈现出来的形象。说到干活儿，比如家里夏收，农民光着膀子、戴着草帽、挽着裤脚在地里忙活，这操劳的形象完全没问题；家里有又脏又累的活儿要干，选择方便的穿着也无可厚非，这些就不属于不注意形象的行为，而恰恰就是身为家中壮劳力努力付出的表现。

所以，具体说到底什么是"合适的休闲形象"？就是既不会给孩子带去负面影响形成隐患，又符合我们想要休闲的需要，还适应我们当时的生活环境需要，这样的形象就是我们在家中应该表现出来的状态。

第二，让孩子注意到你不曾展露给他的优秀的一面。

光鲜除了体现在"外包装"上，也包括我们的"内包装"。孩子知道你是做什么的吗？你给他讲过你工作的状态、能力以及成绩吗？他有没有因为你的实际表现而感到骄傲？有人认为这是"大人的事"，不需要讲给孩子听，恰恰相反，孩子对你了解得越多，他对你的印象才会越具体，他对你的感受才能越符合他心目中"爸爸是英雄"的形象。

所以，你不妨先去问问孩子："知道爸爸是做什么的吗？"听听他对你的描述，这样你会发现，他也许对你有误解，也许对你并不了解，甚至可能都不知道你到底是干什么的，那就趁此机会给他好好讲一讲。

比如，你可以用他能理解的语言来说一说自己具体是做什么工作的，这个工作的具体内容是什么，对社会发挥了什么样的作用，可以给他人带去哪些积极的影响，也就是给他讲讲你所做的贡献，也可以给他讲讲工作中的趣事，你有过什么有意思的经历，你又从中获得了什么样的启示，这也会提升孩子对你的兴趣。

至于说你所经历的困难、问题、挫折，这更是非常有得聊的话题了，你的兢兢业业、攻坚克难，你的永不放弃、另辟蹊径，你的团结合作、互利共赢，这些良好的表现都会激发孩子对自我人生的感悟，这对于他来说将会是非常宝贵的人生财富。

当然如果有可能，你最好是能把孩子带去自己的工作岗位看一看，让他亲眼见证你的辛苦忙碌，知晓你在工作中是怎样的认真投入，以及你在工作中所发挥的作用，那么你在他心目中的形象就会有很大的改观。

第三，要注意展示你表里如一的光鲜。

有些爸爸的光鲜的确是"展示"出来的，就是在孩子面前一个样，背对孩子是另一个样；对着孩子说大话，可遇到实际情况却远不是那么回事，这种表里不一给孩子带去的伤害，不只是让他觉得你没有什么可值得钦佩的，更会让他也学会在外人面前"装相"。

这和我们前面提到的"包装"意义完全不同，如果说前面的包装，其意义是"锦上添花"，那么这种装出来的"了不起"就只是说谎、不诚信的道德损伤了。

所以，我们是怎么说的，就要怎么做，简单来说就是，如果我们提醒孩子"要遵守公德"，那么在外面遇到排队的时候，我们就规规矩矩不插队，表里如一才会让你的"光鲜"真正闪耀。

这并不是很麻烦的一套解释，而恰恰是你在培养良好的自我形象，养成良好行为习惯的过程，经历这样的过程，你会在孩子心中慢慢"正名"，而孩子也会跟着你学会注重自己形象的表里如一，这也算得上是良好家风的传承。

爸爸既需要孩子的仰望，又不能非让孩子仰望

父母在小孩子心目中应该是个怎样的存在呢？我们完全可以用《诗经·小雅·车舝》里的一句诗来形容，那就是"高山仰止，景行行止"。高山，比喻高尚的德行；景行，就是大路的意思，比喻行为正大光明，那么高山景行就是指高尚的品行、崇高的德行，这是值得敬仰的、仰望的。

其实孩子自小到大一直都会仰望父母，尤其是爸爸。从外在来

说，爸爸普遍都更高大一些，小时候的孩子要看爸爸就得使劲仰头；从内在来说，爸爸可以做到很多事，尤其是有些事妈妈做不到，最简单的比如爬高、搬东西，爸爸总是会发挥很大作用，这会让孩子感觉"爸爸很厉害，能做更多的事"，他会很佩服爸爸。也就是说，如果没有特殊情况的话，孩子对爸爸其实都会更有仰望之情。

这种仰望可以带来一定的好处，比如，孩子会把爸爸当成他人生奋斗的榜样，尤其是男孩，爸爸就是离他最近的、最容易模仿的榜样；孩子也会凡事均以爸爸的表现为模板，言谈举止、为人处世都会向爸爸靠拢；爸爸就好像一个移动的标杆，孩子会始终有向前的动力。

那是不是只要我们站在那里，孩子就会自动仰望呢？

并不是的，毕竟孩子也是一个有自我思想的人，什么人值得他仰望、什么样的行为会令他仰望，他也会有自己的衡量与选择。为什么很多孩子慢慢地对自己的爸爸不再有那么深刻的仰望之情了呢？其实就是因为他通过观察、感受，已经从由下向上的仰望状态慢慢开始平视你，直到他觉得你已经不足以对他形成影响。

当爸爸不注意自己的表现，没有重视起自己父亲的身份，只顾着自己享乐而忽略了孩子，尤其是当你本身已经存在很多问题时，孩子都会对你产生怀疑，当你的表现在他看来越来越差，你在他那里就仿佛"跌落神坛"，他对你再也没有了仰望之情不说，还可能会认为你并不值得他尊重。

有的爸爸对此不以为然，认为"我是爸爸，孩子不能不尊重我"，但你要意识到，如果他真的已经不再仰望你的时候，他对你的尊重有可能只是为了不引发你与他之间的冲突而装出来的样子罢了。

所以，想要让孩子仰望你，就应该有足够让他仰望的资本。

第一，品德。

良好的品德是做一切事情最根本的基础，不论是诚实守信、善良有爱，还是乐于助人、无私奉献，一个人的好品德就是他最大的财富，也是他做事成功的最重要的保障。而一个具备良好品德的父亲，也是最能得到孩子仰望的父亲。

第二，能力。

你要具备足够的能力，包括但不限于知识能力、工作能力、人际交往能力、处理家里家外事务的能力、解决各种疑难问题的能力。这些能力不仅会让你自己的生活越来越好，也会让孩子在能力培养方面有参考榜样。同时你拥有的能力越强，孩子从你身上越能感受到力量，越能对你产生崇拜，也会越发想要向你靠拢。

第三，格局。

爸爸的格局对孩子的影响相当深刻，如果爸爸有大格局，那么孩子的眼界也将随着爸爸一起被打开，对某一个问题，爸爸能看到多宽广、多长远，孩子也将能跟着一起有更长远的思考；就算他当时并不很懂，但随着不断成长，爸爸曾经说过的话就像被刻印在头脑深处，等待一些合适时机，这些话的作用就会发挥出来。

当然，你的格局一定要是正确的，也就是你的原则、观念、标准是正确的，有良好的三观，有良好的道德修养，这样你的大格局才能在引领孩子成长方面发挥真正重要的作用。而拥有大格局的你，也将因为看得长远而让孩子感到钦佩，这也正是他愿意仰望你的一个重要原因。

第四，深度。

你的知识阅历越丰富，你所经历的事情越多，你懂得的道理越深刻，那么在很多事情上，你往往都能挖掘出它的深意，并对事情的走向有一个更准确的把控。

举一个简单的例子，比如孩子跟你说他跟同学打架了，在孩子看来他可能只看到了"同学不喜欢我，总找我茬儿"，而有深度的父母可以意识到，这涉及孩子人际关系的发展、应该如何与他人相处、应该怎样表达自己的意见、应该如何接纳不同声音等一系列问题。当你看得深刻时，孩子从你这里得到的指点就不仅限于解决眼前这一件小事，而是能帮助他正确看待这一类事件、解决这一类的问题，这种"父母是我的智囊库"的踏实感与安全感恐怕是旁人无法给予的。

所以，你具备足够的资本，孩子就会仰望你，可是孩子并不会一直仰望父母，就如前面所说，他会慢慢长大，他看待我们的视角会慢慢发生变化，仰望之情可能也会发生变化。到那时，如果我们还强求孩子的仰望，那就有问题了。

还是从"仰望"这个动作来说起，仰望意味着我们与孩子至少在视线交会这一点上来说是不平等的，我们彼此之间要有一定的落差距离，才能产生仰望的效果。有些爸爸为了能实现"仰望"这个效果，就会刻意和孩子保持一定的距离，比如很少和孩子嬉笑玩闹，总是板着脸，说话语气也相当严肃，几乎没有与孩子亲切拥抱、举高高这样的行为，只要开口，必然都是大道理、教训、教育，很少与孩子有相对亲密的玩笑表达。

这样的爸爸与孩子的相处就好像是上下级之间交代业务，也好像陌生人之间一些不得不开启的尴尬交流。孩子的确是对爸爸有了仰望，但同时也有了疏离感，更有的爸爸因为过于威严，而让孩子心生畏惧，不自觉就远离。而这样的仰望相当于是刻意创造出来的，一点实际意义都没有，"非要仰望"也不是亲子间相处应有的模式。

父母身上值得孩子仰望的资本，并不需要刻意地表现，应该是一种"润物细无声"，是在"耳濡目染"中有所体现的。仰望也理应是由孩子发自内心主动产生的感觉，用一个词来形容就是，孩子对父母的仰望应该是"心服口服"的。所以，"不能非让孩子仰望"的意思，是要我们以一种平易近人的方式待在孩子身边，不要主动将孩子推远。

那么，关于"既让孩子仰望，又不能非要仰望"的度又该怎么把握呢？

首先，不强求孩子，强求一下自己。

大部分人都有虚荣心，在心理学上，这被称作是一种心理防御体系，就是一个人越是缺什么，越会"秀"什么。有的爸爸本身其实并不具备太多值得孩子仰望的东西，可却又想要孩子仰望自己，于是就会刻意强调，对孩子反复要求"你必须要听爸爸的"，孩子一旦不听，他可能还会很愤怒。

如果我们自身没有那么强，那就先强求一下自己，做好自己该做的事情，让自己有足够被孩子仰望的资本，要求孩子做到的事情，先看看自己表现得怎么样；时刻想到自己还有可提升的空间，做好自己的工作，做好家里该做的事情；如果有可能，给自己多找一些学习的机会，让自己掌握更多的技能，学习更多的文化知识，不断精进自我。

当你不断精进自我时，你对孩子的强求也就自然少了很多；当你不断学习时，你知道得越多，对孩子的引导也将越有意义；而你不断向好的变化，孩子自然也能感受得到，仰望就变成了不求而自来的东西。

其次，不在孩子面前卖弄。

有的爸爸因为自己知道得很多，就在孩子面前炫耀，要不就故意用很高难的知识或技能来显示自己很了不起，甚至还会嘲笑孩子"什么都不懂"。

这样的做法也并不能换来孩子的仰望，仰望其实不只是他从下对你的仰视，其中还包括他"也想要和爸爸一样"的想法，同时也包括"我要好好向爸爸学习"的意愿。但如果你总是炫耀自我，而且嘲笑孩子，他最终可能就会选择退避三舍。

所以，即便知道得很多，我们也要学会控制自我，还要衡量孩子的理解与接纳程度，最好让他有"跳一跳"就能跟得上的感觉，这样爸爸也就不会离他太远。

最后，保持平易近人的相处态度。

也有一部分爸爸会有这样一个问题，他因为自己懂得很多，面对什么都不懂的孩子，就显得很"高冷"，让孩子不得不"只可远观"，不敢接近。

其实，我们不论是懂得多还是会得多，这只是我们个人的一种生存或者生活得更好的资本，与孩子在一起时，我们不能总想着严肃的教育，不能总是刻意保持高高在上的威严，相反地，你越是和蔼可亲，越是对孩子和颜悦色，越是能和他笑闹在一起，他才更愿意向你打开心扉，和你无话不谈，而到这时候，你的那些值得仰望的"资本"所展现出来的魅力才会被他真正看见，他才愿意向你询问、请教，愿意听你给他讲大道理，愿意接受你的任何教育。

与孩子相处是一门大学问，让他仰望而不非要被仰望，把握好度，就能和孩子建立更融洽的亲子关系。做个好爸爸，其实本身也是一件既不容易又很容易的事情，全看你怎么理解以及怎么行动。

别在育儿的路上犯太多的错误

育儿其实是一条单行线，时间不可能倒流，很多问题一旦产生就很难去除，很多习惯一旦养成可能会影响终生，很多观念一旦根深蒂固也将左右孩子未来的人生命运。

所以我们应该时刻提高警惕，更应该时刻注意思考与反思。有人说，一个好父亲胜过100个好老师、胜过100个好校长。不论胜过谁，其前提都是你要真正成为一个"好父亲"，尽量少犯错误，如果能不犯错误就更好了。

有人可能会说了，我知错就改不就行了吗？遗憾的是，不是所有的错误都给你机会去"知错就改"的，有些错误一旦成形，那就是悔恨终生的事。比如说德行问题，德行有失的父亲要么是自己品尝苦果，要么是也影响孩子德行的发展，以至于孩子也走上歧途，这样的错误会成为父亲和孩子人生永远也抹不去的污点。

就算是没有严重到一定程度的错误，爸爸的错误也会给孩子带去不良影响。比如下面这个孩子的经历：

> 一个孩子去亲戚家聚餐，吃完后，他把饭碗一推，筷子一丢，走开了。有人就善意地提醒他："你看大家吃完都自己收拾碗筷，你是不是也该自己去收拾？"这个孩子毫不在乎地摆摆手说："我爸说了，那都是女人干的活儿，我们男子汉不需要干这个，我爸说我不用干。"

爸爸自己对女性不够尊重，对自己该做的事情没有尽到责任，孩子一定会有样学样，这样的错误观念一旦在他头脑中扎根，那么将来他走到社会上、建立家庭了，就是他爸爸的"翻版"，一错再错。

不经意间，我们可能就会犯下各种或大或小的错，一边犯错一边却还要教育孩子，这就显得很不真实，你的言行和你的教育甚至是完全相反的，一边是模仿，一边是说教，孩子到底会学哪一边，可能谁也说不准。

我们可能并不知道自己在育儿路上会犯什么错，也不知道自己是不是已经犯了很多错，但有一个结果很清晰——对孩子的教育不断失败，这其实就意味着我们在教育方面已经错误缠身。

生活中你也许有过这样的经历，或者见过这样的事：很多成功人士聚在一起吃饭的时候，大家都侃侃而谈，看上去也都意气风发。但有意思的是，只要说到孩子，他们中的一部分人要么是话会变得很少，要么是低头不语，要么是沉默进餐，要么就干脆找个什么借口起身离席，这其实就意味着，这些在某些方面很成功的人，在教育方面未必成功，甚至可能问题连连。

一个人只要把孩子教育好了，那么他的人生从某种角度来说，就已经取得了成功。那些从事平凡而普通工作的父亲们，在收到孩子的录取通知书或者获奖证书时的那种满足感，更是令人非常羡慕。

同样的道理，一个人哪怕拥有一定的地位、财富，可如果孩子没教育好，那他的人生在严格意义上来说是失败的。因为地位、财富所带来的快乐远远弥补不了孩子出问题所带来的痛苦，就像拼图，你就缺"把孩子教育好"这一块，你的人生拼图怎么都是不完整的。

为什么说不争气的孩子是"败家子"，就是不论你多成功，你挣下了多么大的家业，不争气的孩子总能想方设法给你挥霍一空，而最终他还并不会觉得自己有错，反而会说是你没本事挣更多的钱。

所以，要看一位父亲是不是个成功人士，还得看他在教育孩子方面是不是成功。

这话好像很绝对，一定有人不服气："人的成功怎么能只从教育孩子的角度来说呢？"其实，我们社会的发展是一代又一代的延续与传承，我们自己做得很好、我们自己获得了很多，但没有教育好下一代，那么下一代的生活谁来保障？下一代生活的社会又怎么持续性发展？古人早就提醒我们，"建国君民，教学为先"，教育就是根本，那你说，它能不能被看成是我们每一位爸爸是否成功的评判标准呢？显然比较合适。

再说回到具体错误本身上来，我们在育儿过程都可能会犯什么样的错误呢？下面这些基本性的错误，我们在日常生活中不经意都会犯，不要看它们微不足道，它们有可能就是很多大错误的最初苗头，我们要做到"防患于未然"。

第一，给低龄的孩子足够的肢体关爱。

很多爸爸对低龄的孩子缺少足够的肢体关爱，具体表现在：

有的爸爸会站得直直的和孩子说话，好像是创造了一种"让孩子仰望"的相处形式，但却远不如妈妈那种和孩子拉拉手、与孩子平视状态下的互动更有效果。有的爸爸很少抱孩子，如果是男孩，他会说"男孩应该自己四处跑，要像个男子汉"；如果是女孩，他又会说"要让女孩从小就学会异性间保持一定距离"。还有的爸爸和孩子拉手时会很生硬，即便抱着孩子也是硬邦邦的并不温柔。

孩子其实都渴望父母的温柔拥抱，这会带给他被爱的安心感，足够的肢体关爱才能让他放心信任我们。

所以，有时候并不是孩子不愿意过来亲近，而是我们没有向他展示出这种最基本的亲近，要改变这种情况，我们应该向妈妈好好学习，学习怎么与孩子交流，怎么去拥抱孩子，怎么满足他们的需求。

当然要注意的一点就是，我们的确需要蹲下来，和孩子保持平视，与他在同一水平线上去交流，可这并不代表我们就任由孩子在肢体动作上的肆意妄为，也就是不要去走另一个极端，而是要保证与孩子能够比较平和地玩在一起。

第二，不过分要求孩子。

不知道有没有爸爸遇到过下面这种情况：

妈妈问孩子："爸爸告诉我说，你放学和他都没有话讲，一路上一句话也不说。爸爸出差好不容易回来了，你为什么不愿意和他多说呢？"

孩子很不开心地回答："爸爸总是问这问那，每次回来就总是说我的问题，还总批评我，我听着好烦，就不想和爸爸说话了。"

对孩子有过分要求，很多爸爸经常会意识不到这一点，尤其是经常出差不在家的爸爸，他们回家之后，脑子里可能只会想到："我太久不在家了，我回来了就应该好好教育孩子。"那家里就很容易出现这样一种情况：

孩子好不容易把久未见面的爸爸盼回了家，结果爸爸回家之后就对孩子横挑鼻子竖挑眼，不是说"怎么又不好好写作业"，就是说"你看看我不在家你就闹成什么样子了"，要不干脆就真的回应妈妈吓唬孩子的那句"等你爸回来揍你"，针对孩子之前的错误，给孩子来一顿"竹笋烧肉"。

你想这样一来，孩子哪还期待爸爸回来呢？他就更不愿意往你跟前凑了。而你又非常想教育他，就成了孩子躲着你，你还总是去挑剔他，孩子也就越发不喜欢你的教育。所以，如果我们本就不常与孩子见面，见面时就对他好一点，多些关心，不用急着就上来训斥。

可能有的爸爸会说了："那妈妈也常训斥孩子啊，怎么孩子就不排斥呢？"那是因为，一般情况下，妈妈可以给予孩子足够的陪伴，对孩子保持了足够的耐心，也给予了孩子足够的温柔与爱，孩子对妈妈自然能建立起足够的信任感，他会明白"妈妈训我是为了我好，妈妈训过我后还会和我玩，依然爱我"，但你训完了他，可能还没等你和他的关系缓和，你就又走了，你给他留下的印象就只是"回家就训我"，他当然不愿意听从于你了。

所以对孩子，我们应该多一些关爱，想要管教也要抓住合适的时机，最起码等你与他玩在一起了，他对你也产生与对妈妈同等的信任感了，那就算你不在家，他也能心甘情愿地接受你的教育了。

第三，不怕丢面子。

有的爸爸很有一些"爸爸包袱"在身上，就是在外人面前，很不愿意说自己孩子的问题，比如前面提到的那些成功人士，他们对孩子问题的避而不谈、沉默不语，就是一种好面子的表现。而如果孩子就在身边，假如孩子出了问题，那些爸爸多半会是不管周围有没有人，必然要当面数落的，意图证明"我是一个有教育意识的爸爸，孩子不好不是我的问题"，殊不知，这却是最大的问题。

没有人天生就会教育，总是要不断学习、摸索的。有机会提出问题、分析问题并解决问题的话，那就不要避讳，你把孩子教育好了才是你最大的面子，否则你将孩子置于被训斥、被围观的境地，你就有面子了吗？并不是的，你将面对一个更加没面子的局面——会有更多的人发现你"不善教育"这个事实。

所以，如果你在教育方面出现了问题，或者孩子展现出了不合适的状态，面子先抛在一边，去找原因，去思考，去学习，去分析，去尝试用更合理的方法来解决，积极改变自我，然后再积极改变孩子。当你开始发生向好的变化，当你的孩子在你的教育之下有了起色，才是你给自己、给孩子挣来了最大的面子。

教育是一个永恒的学习课题，只要能教育好孩子，我们理应不怕暴露任何问题，越早拔除教育中的杂草，我们就越能获得人生真正意义上的成功。

你一认真，"好爸爸"就"炼"成了

一旦成为父亲，我们的身份就发生了改变，身上所背负的责任与义务会同步增加许多，相信我们都想要成为一个"好爸爸"。

可是就现实情况来看，很多人对"好爸爸"的追求都只停留在口头上，虽然嘴上经常说"我要做个好爸爸"，但从实际行动来看却没有任何表现或变化；也有的爸爸觉得，现在孩子小，不用过多管教，等以后他更懂事了再去管教才有效；还有一部分爸爸认为，只要陪着孩子玩、顺着孩子开心就是好爸爸，其他事情一概不用管……这种情况说明，我们其实还是没有把"做个好爸爸"这件事真正当回事，或者对"好爸爸"有不太准确的认知。

"成为一个好爸爸"不应该是一句口号，你只要认真，"好爸爸"自然就能"炼"成。那么，要怎么才能"认真"呢？

第一，在思想上认真。

做一件事之前，我们至少应该在思想上对其有一定的认识，想要把这件事做好，思想应该先行。那么放在"做好爸爸"这件事上来看，我们先应该想想这些问题：

　　我意识到成为一个好爸爸的重要性了吗？

　　我能理解孩子对好爸爸的渴求吗？

　　孩子心目中的好爸爸形象是什么样的呢？

　　我能成为孩子期待的好爸爸吗？

类似这些问题会促使我们思考"成为好爸爸"这件事和我们自身的关联，会促使我们把关注点放回到"我是一位爸爸"上来，也就是能帮助我们主动认识"爸爸"这个身份，并能从爸爸的身份角度出发再去思考——"要不要做一个好爸爸""能不能成为一个好爸爸"以及"要怎么成为一个好爸爸"。

这种更深入的思考可以帮助我们发现很多以前不曾注意的内容，比如，我们对自己爸爸的回忆，以及自己童年对爸爸的需求。同时，这样的思考还可能吸引我们去关注"别的爸爸是怎么做的""好爸爸到底是个什么样子"等内容，比如说，影视剧里出现了好爸爸的角色，而如果我们也有对于"好爸爸形象"的思考，那么这位爸爸的表现就会成为我们重点观察的内容，我们可以从他身上学到很多，比如，我们之前做得不足的地方，人家已经做得很好了；我们想做还不知道怎么做的，人家也已经做出来了；过去人家做得也不好，但人家懂得反省，懂得改变，最终成了好爸爸，这个过程也是值得我们学习的。

显然，思想上的认真，会让我们对"好爸爸"这样的内容重视起来，正所谓思想引领方向，方向决定道路，从思想上有了改变，我们才可能在行动上有所变化。

第二，在态度上认真。

当我们在思想上意识到"做好爸爸"是一件非常重要的事情时，接下来我们在态度上也要有所改变，也要在改变自我成为好爸爸这件事上认真起来。

其实很多爸爸很难放下面子，他可能在思想上能意识到"我应该做一个好爸爸"，可态度依然强硬，表现得不那么虚心，有时候也会很嘴硬地说，"我当然会改，但也得有个过程"。

要把自己一直以来的做法推翻，然后走一条在以前看来不那么好走的路，这的确不容易。可是要做好爸爸本来也不是一件容易的事，你如果连这种认真改过与进步的态度都没有，又怎么能在这条路上走更远？又怎么可能让孩子相信你是在努力做他想要的好爸爸呢？

我们都不过是为了不断变成更好的自我而成长，不要觉得"我要做个好爸爸是被动行为",没有人逼迫你去做好爸爸,而是你应该主动意识到这是一件必须要做的事。

对于有些爸爸来说,"不做好爸爸""差不多就行了"可能是自己的"舒适区",因为不需要凡事都想到孩子,不需要什么都为孩子操心,不需要关注孩子是不是出了问题,只要自己舒服开心就好,然而这样的舒适区其实并不是真正的舒适区,它只是披着"舒适"的外衣,里面实际上处处是雷区。你沉迷于其中,就会不断踩"雷",孩子就会不断"爆"出一个又一个或大或小、或深或浅的"问题坑",你的生活、他的生活、家庭的生活终究会因为这些"坑"而变得千疮百孔,以至于你最终再也"舒适"不起来。

所以,我们一定要有"做个好爸爸"的认真态度。

我们可能都是第一次做父母,没有人能在第一次做一件事时就完全有把握不出错,而且出了错就改错、有了漏洞就弥补,这本就是再自然不过的事。所以,不要再那么无奈地去想,"为了孩子,我不得不改变",而是要意识到,"我理应做一个好爸爸,我要积极改变",主动走出那个迷了你的眼的"舒适区",用满满的活力、积极的态度去迎接未来的挑战与改变。

第三,在行动上认真。

有了思想,有了态度,然后还要有最重要的行动。因为孩子最能感受到你的改变的,就是你的行动;孩子最能判断自己是不是有个好爸爸的标准,就是你能让他看到的、感受到的行动。

举个简单的例子,如果你告诉孩子,"我们说好了,你写完作业就下楼玩一会儿",那当他真的完成了作业,你就不能说,"爸爸现在还有事,下次再玩儿",更不能说,"我不过是为了让你写完作业,你怎么还当真了",而是要立刻换好方便运动的衣服,和他一起走出家门,选择合适的游戏或运动,非常投入地跟他玩耍。

所以说,爸爸在行动上的认真,最简单的理解就是"说话算数",不论是你决定要努力改过,还是要主动行动起来做好爸爸,这些在你心目中已经定好的目标或者说理想,都要真真正正地落实到行动上来。

比如说,要向孩子展示好爸爸的德行,那你就应该要"做好事",关注身边各种小事,在言行举动上让孩子看到,"我爸爸做得真棒"。那在生活中你就要时刻关注自己是不是遵守了社会公德,能做到排队不插队;是不是对为你服务的人员有礼貌与尊重,能够与人自然相处;是不是能有错就认、知错就改,不胡搅蛮缠,不强争面子;是不是能敢作敢当,有责任心;是不是能口有遮拦,尤其是不在孩子面前说脏话或爆粗口;等等。这些小细节其实都是你做更多其他大事的基础,小事做得越好,大事才越不含糊。

也就是说,说得再多、想得再多,都要在行动上表现出来,你告诉孩子,"我以后会努力做一个好爸爸",那你就要让孩子看到你是真的开始改变了,真的努力了,而在你这样做的过程中,孩子对你的观感就会自然发生改变。

所以想要做好爸爸,你只要认真,好爸爸自然就"炼"成了。你认真提升自我,认真想要改变自我,认真奉献社会,认真努力工作,认真想要对孩子好,认真想要和家人一起过更好的生活,你就会对自己、对孩子、对家人都充满热烈的情感。

第五堂课

爸爸如何平衡
事业与家庭

提及家庭生活，很多爸爸一般都会说，"我要外出忙工作"，言下之意就是"忙工作的我无法顾及家里"。这样的说法看似理所当然，但事业与家庭就真的不能平衡吗？答案当然是否定的，就看我们是不是"有心"顾好这两头了。实际上，平衡事业与家庭，并不难。

最有价值的"投资"：做个好爸爸

所谓"投资"，《现代汉语词典》上的解释是"为达到一定目的而投入资金"，投资的目的就是期望在未来能够获得一定的回报。

在经济学中有一个名为"价值投资"的理论，出自"证券分析之父"本杰明·格雷厄姆（Benjamin Graham），他在其著作《证券分析》中指出："投资是基于详尽的分析，本金的安全和满意回报有保证的操作。"价值投资讲求性价比和确定性，学会正确评估价值是价值投资里面最重要的一环。

简单理解就是，如果你想要投资，应该先看到你准备投资项目的价值，抓住机会并积极投入，投资才可能看到回报。所以，善于投资的人应该也善于发现价值，那么你知道人生中最有价值的投资是什么吗？

有的人可能会很肯定地说是赚钱、事业成功，这不仅能让自己变得更幸福，同时也能为孩子、家庭创造更美好的生活。可是这样的投资就一定会带来你想要的一切吗？答案并不确定。再想想前面提到的那些在孩子问题上沉默不语的所谓"成功人士"，他们也称得上是成功的投资者，可是他们感受到幸福了吗？显然并没有。而究其原因，就是他们都没有抓住那个最有价值的投资——做个好爸爸。

如果说是在金钱、事业上投资，很多人会觉得自己是有奋斗目标的，比如想要赚钱，那只要找到正确的生财之道，投入一定的资本，以合理合法的方式去努力，多半都能看到回报，若是投资准确，还可能看到非常丰厚的回报。

可是说到"做个好爸爸"这样的"投资"，有的人就会觉得很难了，好爸爸是什么样的？他的价值到底应该体现在哪里？如何做才能看到回报？到底能不能有所回报？这一系列的问题会让很多人摸不到头绪。一旦内心迷茫，投资就会进行不下去，当然也就不会有好的结果。从这个角度来说，"投资"自己做一个好爸爸，可能要比你拿出大笔资金去赚取更多钱财、拿出更多努力去获得更高地位的投资复杂得多。

既然如此复杂，不去投资了可以吗？答案一定是否定的。身为父亲，你又怎么可能不去努力成为孩子心目中的好爸爸呢？这并不是一道"是"或"否"的选择题，而是只有唯一答案的问答题，对于每一位爸爸来说，"成为好爸爸"就是我们人生中不能逃避的一项"投资"，需要倾尽全力去追求它的价值回报，在这项"事业"上的成功，可以说是每位爸爸人生中最重要的一项成就。

再回到价值投资理论上来，这个理论有几个最基本的法则，分别是正确的态度、安全边际和内在价值，那么在"做个好爸爸"这项投资上，想要实现它的最高价值，该怎么运用这几个法则呢？

第一，正确的态度。

经济学角度来说，一个价值投资者想要获得成功，就应该对投资抱有一种正确的态度。那么在对待"做个好爸爸"这件事上，你的态度如何？

你可能会说："谁不想做个好爸爸呢？"这话是没错，但相信你应该还有后半句想说："可是做好爸爸哪有那么容易，要能做我早做了。"这样的说法意味着你的态度是"纠结"，是"不敢上前却还想要一步到位"，这样的态度可没法实现正确投资。其实在前面一节中我们应该也已经意识到了，在做好爸爸这件事上，我们必须要有认真的态度。

具体来说，想要"做个好爸爸"，我们应该从三个方面去建立这样的认真态度：第一个方面是对待"好爸爸"这个角色，你不能把它看得高不可攀，可以把它当成奋斗目标，也可以将它当成衡量自我的标准，你要有一种"我觉得我通过努力应该也是一个好爸爸"这样的坚定的自信；第二个方面就是自己的行动，也就是"做个好爸爸"的"做"，你要有"我必须行动起来"的意识，要用积极的态度去看待行动，不管遇到什么困难，你可以学习、可以求教，有错必改、有漏必补，你的行动应该是向着目标不断前进永不放弃才行；最后一个方面则是要量力而行，这项投资急不得，要跟着孩子成长的速度走，不要奢望一下子就看到回报，同时这项投资也不能好高骛远，你不可能做到完美，必须要一步步走，努力做好自己该做的。

在这项投资上，你得先把这种积极上进的态度展现出来，这对于提升你自己的精气神也很有用，有了正确的态度，接下来的投资你才能考虑得更全面。

第二，安全边际。

经济学中，意料之外的灾难就是投资回报的大敌，很多不测在所难免，所以应该给自己留出安全隔离带。投资"做个好爸爸"也需要有"安全隔离带"，以免我们一步不慎走错路，反而耽误了时间精力。

首先，不盲目学习"做个好爸爸"。

关于做好爸爸的指导内容，网络上也是一搜一大堆，说什么的都有，有的爸爸就想"包罗万象"，不论什么观点都吸纳进来，头脑中装满了各式各样的内容却形不成体系也摸不到门道。所以，我们首先要明确知道"我哪里做得不好""我想要改变哪里""我希望实现什么效果"等内容，要有针对性地去学习才行。

其次，不做教科书上的"好爸爸"。

有的爸爸很想要找到那个好爸爸的明确"标准"，于是就会按照书上说的去做，但你不是教科书上的"好爸爸"，你应该成为"自己孩子心目中的好爸爸"。也就是说，我们要注意不能太盲目参照书中所说的去做，一切都应该从孩子出发，满足他的实际需求。

最后，不要认为自己"我做不到"。

成为好爸爸的道路不会很容易，因为孩子本身就是多变的，而你并不是一天24小时长久在他身边去观察他并调整自己，你日常需要处理的事情非常多，所以你很容易就会出错、会表现不完美，这很正常。小孩子普遍都会认为"这世上没有我爸爸做不到的事"，你也应该这样鼓励自己，然后努力、认真付出，总能看到回报。

第三，内在价值。

经济学中，价值投资就是寻找以等于或低于其内在价值的价格标价的证券，股价上涨或资产价值下跌，就可以卖掉这些证券，然后把钱转到另外一个内在价值被低估的投资上。

放到"做个好爸爸"这项投资上来看，我们可以这样去理解"内在价值"。比如，我们没有给孩子足够的陪伴，那就要投资足够的时间、精力、心思来放在这件事上，直到孩子从我们的陪伴中获得了满足感，同时在相处过程中，他也理解了我们有时候不能陪伴他的无奈，也就是我们彼此做到了互相满足和理解，那么这一部分的投资就相当于实现了它的价值，可以"卖掉"——暂时不用过多关注，而是保持已经养成的习惯性做法，接下来就要再去关注其他我们做得还不太好的内容，比如读书不够、家务事做得太少等。

但这样做的前提是，我们要意识到这些事在"做个好爸爸"这一整个投资项目中都是有价值的，不存在哪个不重要的情况，而且也都是需要长期坚持的事情，不是说有所改变了就可以不再理会了，所以，"做个好爸爸"是一项长期的投资，我们也要努力实现其所有的价值才行。

另外说到投资，我们都希望能实现低成本高回报，"做个好爸爸"这项投资本身其实就是低成本的，但能不能获得高回报，就要看你是不是在合适的时候付出这些成本了。那么，这些成本是什么呢？

第一，在孩子人生中的关键时刻挺身而出。

孩子人生中的关键时刻，包括生日、第一天上幼儿园、幼儿园毕业、小学入学、第一次家长会……这些重要时刻发生时，孩子内心都很复杂，如果这个时候爸爸妈妈都能陪伴在他身边，他会感觉很安心，会觉得自己的经历是圆满的，所以你应该尽量安排好时间，遵守与孩子的约定。

另外，还有一些关键时刻，比如男孩和同学打架了，女孩与朋友闹翻了，这些时候爸爸如果能进行理性指导，帮助孩子面对、分析、解决问题，他也会获得令人欣慰的成长。

第二，像孩子的妈妈那样去了解孩子。

孩子的妈妈会关注到孩子的每一个细节，吃什么、穿什么、头发要怎么整理、书包的拉链是否坏了、老师让带的东西有没有带全……大部分的男性都做不到这么细致，但我们要有主动关注孩子身上这些细节的意识。可以有意识地提醒自己去关注孩子的喜好、兴趣，包括他喜欢吃什么、喜欢看什么书、喜欢什么运动，他有哪些好朋友、平时都在一起做什么，他在家里是一种什么样的状态、日常安排又是怎样的，他最近有什么新的关注点，又有哪些与之前不一样的变化，等等。你越了解孩子，他就越能感受到你对他的关注，你们的关系自然也就会越来越亲密。

第三，与孩子一起制造属于父子之间的好感时刻。

所谓"好感时刻"就是那些属于父子两人一起制造的快乐，比如，带着孩子去做妈妈没有时间或没有能力带他做的事情，像是来个小区林地探险，去看看草地下的昆虫小王国，来一次远足，进行一次爸爸与孩子之间的爬山比赛，等等。

你也可以用自己丰富的阅历与见闻，给孩子讲更多妈妈也不知道的故事，比如你去过的地方、见过的人、做过的事，尤其是那些或惊险刺激或风趣幽默的内容，都会吸引孩子的注意力。这一点要和出现在孩子身边相配合。

如此低成本的"投资"，最后却能换来孩子对你的依恋、信任、崇拜，能够换来家庭和睦快乐的氛围，更能换来一个健康积极乐观向上的孩子，说不定还能看到他取得你意料之外的成就，拥有一个真正幸福的人生，对社会、国家、家庭、家族都能做出巨大的贡献，这样的成功难道不是我们所有做爸爸的人都想要看到的吗？

当然，投资都有风险，就算你设立了安全隔离带，也可能会遭遇不测，比如你花了时间、耗费了精力，但孩子依旧没有成长为你所想要看到的那个样子，那能算你失败吗？并不完全算，也许是你的"投资"方向不太对，也许是你对投资"对象"——孩子——了解或付出的没有那么全面……总之，你"投资失败"一定有原因，但你前期的付出并不是完全没有效果的，所以，不要放弃这些"投资"，因为它们的回报将会是永久性的。

经常出差，如何有效参与孩子的教育

出差，是很多爸爸工作生活中的常态，而我们一直都强调，要多陪伴孩子，才可能更好地教育孩子，于是经常出差的爸爸这个时候可能就有话说了："我常年出差，总是见不到孩子，我怎么教育？""我也不想出差，可是工作性质如此，出差就得努力干活儿，哪有工夫理会孩子？"那么在经常出差不在家的情况下，就真的不能有效教育孩子了吗？

凡事无绝对，有这样几个小实例，不妨先来看一看：

有一位爸爸是工程师，常年都在国外工作，每三个月才能回家一次，一次也只能待 10 天。但在国外的时候，这位爸爸每天都会抽出几分钟来给上初中的儿子打个电话，问问他今天做了什么，有什么好玩的事。而回国的那10 天，他也很少出去会友，尽量推掉应酬，基本都是在家陪儿子，周末还会带着儿子出去玩。

另一位爸爸也是常年在外国做教授，但每天他都会和孩子视频通话，因为时差问题，他通话的时间基本上是孩子快睡觉的时间，于是在视频通话过程中，他讲述的外国经历、景物、有趣的事情，这些就成了孩子最好的"睡前故事"，增进感情的同时也让孩子增长了见识。

还有一位爸爸，女儿是初中生，不仅学习紧张，与父母的沟通也不太多，这位爸爸自己的工作也比较忙。那怎么陪伴呢？他的做法是，只要不出差，每天早上都会送女儿去上学，利用路上的时间跟她交流沟通，既能了解她最近的想法，也能及时捕捉她遇到的困惑，帮助她解决一些小问题。

这几位爸爸虽然也经常出差，甚至常年不在国内，但他们不仅没有缺席孩子的成长，还能为孩子提供恰当的成长养分，所以忙是借口吗？出差是理由吗？并不是，就看我们自己是不是有那份愿意承担教育孩子、愿意主动陪伴孩子的责任心。

说到底，这也算是一个"主动选择"的问题，我们是要选择对孩子不闻不问，一心只扑在事业上，还是选择合理分配时间，努力做到两相兼顾；是选择信奉"妈妈才是教育孩子的主要责任人"，还是选择自己也积极主动地承担教育责任。当我们有了确切的选择，接下来才可能有更积极的行动。

具体来说，可以这样来做：

第一，合理规划时间。

这个话题我们可能经常会提到，因为不论做什么我们都需要对时间进行合理规划。那么对于忙碌的我们来说，就是要尽量保证自身工作与陪伴孩子这两件事"两不耽误"，做好时间协调。

也就是说，我们在进行时间安排的时候，就应该把"我要与孩子经常联系"或者"我要和孩子保持沟通"这样的内容列入每日计划之中。比如说，这一天我们要完成的事情包括 9 项内容，那就把"给孩子打电话"也算成一项内容，也就是这一天的安排我们一共要做 10 项内容，然后选择合适的空余时间去完成。

这样的安排意味着从一开始我们就要给自己留出时间来，不至于去挤占其他时间，也不至于耽误工作。而对于孩子来说，哪怕只有几分钟，你主动给孩子打电话了，主动和他视频聊天了，那他也会觉得"爸爸每天都想着我"，而不是"爸爸只记得工作不记得我"，那么这对于他也是一种很大的安慰。

第二，根据实际情况选择恰当的表达方式。

前一点提到可以把给孩子打电话当成是日常生活中的一项内容，但有时候我们在工作中可能真的没有条件打电话，比如工作的地方信号不好或者各方面的条件达不到，那这时我们就不妨灵活处理。

比如，可以利用空闲时间手写日记，或者记录电子日记，把自己的所见所闻所想记录下来，等回到孩子身边时拿给他看；可以随手拍照片或者录视频，用镜头来帮助孩子开阔眼界；也可以收集孩子喜欢或不常见的物品，或者干脆就动手制作，带回去给孩子当礼物。

有的爸爸可能觉得每次回去给孩子买个礼物不也一样？其实不太一样。每次你都买个礼物，那么孩子对你的期待就不一定是对"爸爸"的期待了，有很大可能是对"礼物"的期待。在他眼中，你可能就只是定期给他送礼物的人，而且这种物质满足并不足以填充孩子内心的需求，尤其是不要把它当成对孩子的补偿。这种形式可以偶尔为之，但并不建议长期这样做，还是你亲手制作的日记、照片、视频等礼物更有意义。

第三，利用好每一次回到孩子身边的时间。

当回到孩子身边时，我们一定要抓住机会"好好表现"，除了把之前准备的礼物带回来之外，陪伴与沟通交流必不可少。每次见到孩子，我们都要及时向他表达自己对他的想念，让他意识到不管走多远我们都时刻牵挂着他。

跟孩子在一起时要尽可能了解他最近的变化——经历了什么、收获了什么、有什么疑惑，同时我们也可以和孩子的妈妈多交流，侧面了解孩子没有表现出来的另一面。

第四，给孩子讲清楚自己的工作和离家的原因。

你不妨回忆一下，自己每次离家前有没有告诉过孩子自己去干什么了？有没有给孩子讲过你的工作？如果没有，建议你下次离家之前可以和孩子好好聊一聊这个话题。

因为只有你说清楚了，孩子才能理解你暂时离开他这件事，他才不会觉得"爸爸总不在家，所以是个坏爸爸"甚至是"爸爸不喜欢我"。

根据孩子所处的年龄段，你可以选择合适的表达，比如对于学龄前的孩子，你可以告诉他："爸爸要离开家工作一段时间，爸爸的工作很重要，我要去做一件事，这件事可以帮助到更多的人，有爸爸在，这项工作可以更快更好地完成。"对于年长一些的孩子，那我们就不妨直接说明自己的工作是做什么的，这项工作为什么需要我们离开家，我们做的这项工作会带来什么，等等。

当你能很真诚地讲清楚自己即将要做的事情时，你其实也是在向孩子表达你对他的尊重，也就是说他既然是家庭中的一员，那么他也有权利知道你要去做什么。

实际上，许多爸爸的工作都很伟大，军人、警察、工程师、医生、建筑工人、老师、大车司机、船长……都在为社会发展做贡献，仅就这一点，若你能很好地表达出来，就能让孩子产生共鸣，那么他对你产生分离焦虑的可能性就会降低，反而会因你的工作而感到骄傲。

"我出差"并不意味着可以"不用教育孩子"，到底能不能教育孩子，与你内心是否想要教育孩子有更紧密的关系。不论身在何处，只要内心有教育孩子这根弦，那你自然就可以找到各种各样的方式、途径来与孩子建立起联系。

再忙，也能做个好爸爸

几乎所有家庭的生活都是忙碌的，只不过爸爸和妈妈忙碌的内容各有不同。通常情况下，妈妈的忙有一部分是围绕孩子的，可以算是"教育上的忙"；但爸爸就不一定了，爸爸总是"在外忙碌"，与孩子相处的时间相对会少很多，所以"忙"，也就成了很多爸爸名正言顺的说辞，用来解释"为什么不能陪伴孩子"。

而这种情况其实也是很多家庭关于教育孩子方面的一个矛盾爆发点，相信很多人应该也听到孩子妈妈这样说过："孩子是我一个人的吗？你忙，我就不忙吗？我忙也能照顾孩子，怎么你忙就不管不顾了呢？"

对呀，同样是忙碌，很多妈妈也是要出门工作的，但她们能做到工作家庭两不误，为什么爸爸们做不到呢？

这里需要提醒爸爸们，不要觉得"男主外"就是理所当然不用管孩子的借口，我们主外"主"的是什么？"主"的应该是家庭的格局，是一些大事上的正确走向，是能撑起家庭安稳生活的重担，更是能发挥指引孩子成长的关键性作用，并不是"我要在家庭以外的地方忙碌"的意思，更不是"我只管在外面挣钱"这么简单。

话再说回来，忙碌的爸爸就一定都照顾不到孩子吗？也不尽然。

一位爸爸在发表就职演说的时候，两岁的儿子含着奶嘴跑上了台，向着爸爸伸手要"抱抱"，而这位爸爸是怎么做的呢？他直接把儿子抱了起来，亲了一口，然后继续演讲。后来，孩子的妈妈和哥哥过来，才把孩子从爸爸发表演说的这个重要舞台上带走。

从作为一位父亲的角度来看，这位爸爸忙不忙？当然忙了！就职演说的场合，摄像机全程拍摄、直播，线上线下有众多观众，尽管如此，可这位爸爸却依然亲切地回应孩子的要求，行动上充满爱意。实际上，这位爸爸与儿子之间的互动并没有让在场的人感到不满，大家也都报以善意的笑声。

这个场景有没有触动到你呢？这时我们再想想自己，如果我们忙起来的时候，比如在家休息时接到了工作电话，孩子要是这时过来，跟你要"抱抱"，可能他走近你的那一刻，很多爸爸就已经烦了："你过来干什么？没看见我正忙着吗？"

这说明什么？说明我们把"忙"当成了生活中的头等大事，一旦自己要"忙"了，那么任何人、任何事可能都会被我们拒之于门外，而对于很多爸爸来说，这种态度似乎是很自然地就能表现出来，也就是"我忙我有理"，"我正忙着，你们理应不要过来打扰"。

而你今天说"我忙着呢，你一边玩儿去"，明天说"要有眼力见儿，别烦我"，久而久之，你会发现孩子果然不来"烦"你了，看见你忙，他就躲了，可即便你不忙，他也不往你跟前凑了，甚至是你想陪他玩，他可能都很不情愿。

为什么会这样？因为你用"忙"给自己做了一副"不要靠近我"的面具，你自己把孩子推了出去。还有的爸爸可能更过分，他会用"忙"这个借口来做别的事情，自己在那里玩手机、打游戏、刷视频，也就是自己享受去了，根本就没有想要与孩子在一起。

我们应该忙吗？是的，我们需要忙碌起来，而且要诚实地忙碌起来，说得实际一些就是，不努力怎么挣钱养家？但正经的忙和教育孩子是两件事，彼此之间原本不应该存在冲突。那么，怎么才能实现这种"不冲突"呢？

这需要我们从"忙"和"不忙"两个时段分别入手。

"忙"的时候，我们可以这样做：

第一，确定自己忙碌的程度，也就是要快速衡量这件事的重要性、做完所需的时间以及是否要立即完成。

我们设定一个场景来举例，比如你在家里和孩子正玩着，忽然收到了工作消息，那么你就要迅速进行判断。

如果它的确是一件很重要的事情，需要你尽快完成，那么你在进入工作状态之前可以先和孩子打好招呼，告诉他："爸爸现在需要工作一个小时，这一个小时里请尽量不要来打扰爸爸，爸爸越快完成工作，我们就能越早继续一起玩。"

　　如果它是一件虽然很重要但并不紧急的事情，或者是需要分阶段完成的工作，那就规划一下自己的时间，让陪孩子玩和工作两不耽误。

　　但不论哪种情况，只要是有孩子在场，你临时需要去工作，离开之前最好都告诉他一声，这不仅是对他的尊重，同时也是在为你自己创造一个尽可能独立的空间。

　　第二，如果你忙得不能经常回家，要和孩子保持一定的"联系"。这个"联系"包括两方面内容：一方面是指我们可以通过各种方式来与孩子保持联系，比如电话、短信、微信、视频、聊天软件、邮件、写信等，聊一聊彼此的动态，关心一下彼此的生活，这也是我们最常意识到的一种"联系"。

　　还有一方面的"联系"，是你要与孩子保持长时间的"联结"。父子之间最好有一根"绳子"，时刻连着彼此。比如说，你即将出差或者较长时间不能回家，你走之前可以告诉孩子："爸爸要离开一段时间，不过我们之前说过要去爬山，等我回来，我们立刻就去。"那么，"爸爸回来后一起去爬山"这件事，就是你和孩子之间的那根"绳子"，孩子一定会记得这个约定，他会对你有所期盼，而你也要牢记这个约定，答应孩子的就一定要兑现，这其实也会促使你更努力工作、加快工作脚步，好赶紧回家完成约定。

　　而最重要的是，你离开时亲手系上的"绳子"，也要由你在回来之后再亲自解开，就是你要实现这个约定。比如，你回来后真的带孩子或者带全家人一起去爬了山，那么这种践行约定的行为，无疑会让你与孩子之间的联系变得更加紧密，诚实守信的爸爸在孩子心里永远都有加分。

当然你也可以让孩子来决定，比如，"等爸爸回来的时候，能不能看到你跳绳跳到 150 下""爸爸再回来的时候，把你看过的那个故事讲给我听吧"……用一些你和孩子都能记得且也愿意记得的事情来当成"连接绳"，这会让等待的时间也变得不那么无聊与无奈。

第三，让孩子意识到"爸爸尽管不在身边也一样很有威严"。这一点可能很多爸爸并没有意识到。为什么这么说呢？我们不妨来回忆一下，你没在家的时候，给孩子打电话，有没有说过类似于"爸爸现在管不到你，所以你要听妈妈的话"这样的话？而很多爸爸可能也都说过"等我回去看怎么收拾你"这样的威胁的话。

这样教育孩子的方式其实并不可取，我们不能给孩子一种错觉，让他误以为"爸爸不在，就少一个人管我了"；相反，我们要让他意识到"爸爸虽然不在，可我也要记住爸爸的教导"。

所以，在和孩子进行这种远程沟通时，我们除了叮嘱孩子"要好好听妈妈的话"，也要把我们对孩子的教育表达出来。比如他遇到困难了，那就远程告诉他应该怎么做；他有疑惑了，也可以远程来给他建议和意见；他想要分享快乐，那就远程与他同步庆祝。我们不要自己"主动"远离，要多多用心，忙碌的同时也时刻想着怎么与孩子进行沟通，即便不在他身边，也不要把教育直接推给妈妈，更不要积攒自己的怒气，等回来再向孩子发泄。

"不忙"的时候，我们可以这样做：

这个"不忙"有时候是相对于"忙"的程度来说的，比如，有时候你的工作没有那么高强度、高密度的紧张，也就是正常的上下班，那么你在做好自己本职工作之后，最好是全身心投入孩子每一次的"邀请"之中，或者你也能主动去陪伴或邀请孩子。

同时，你的"不忙"有时候也的确是不忙，就是休息状态，那么这时除了安排好要做的家庭事务，就不妨把陪伴孩子当成第一要务。

至于要陪孩子干什么，那就要看你的时间到底有多少，以及孩子有怎样的期望，还有就是你有没有更吸引人的安排了。不论你准备要和孩子一起做什么，你最好能"全力以赴"，如果没有特殊情况，手机可以适当调整一下，比如静音，提前在工作群里打好招呼，或者如果你的工作比较自由，偶尔关机，全身心陪伴孩子也不错。

好了，说到这里，各位忙碌的爸爸，不知道你们有没有什么想法呢？不论怎么忙，都不是我们"当不了好爸爸"的理由，再忙，我们也一样可以做到爸爸该做的事。

永远把"孩子的利益"放在心上

说到"利益"，对于拥有"父母"身份的我们来说，可能既要关注自己的利益，考虑个人利益与社会利益的关系，同时还要关注孩子的利益。所以说到"永远把'孩子的利益'放在心上"这一点，相信大多数父母都是赞同的。

但有些父母对孩子利益的关注却存在问题，比如，以"为了孩子的利益"为由，对孩子溺爱，凡事包办，鼓励他为了个人利益不择手段，孩子由此变得斤斤计较，甚至将个人利益凌驾于一切之上，这样的结果显然不是我们关注孩子利益的初衷。

其实，我们不能简单去理解对"孩子利益"的关注，为了防止关心则乱，我们还是先来弄明白，"孩子的利益"到底指什么。

首先，孩子有安稳生活的利益。

我们理应把"给孩子带去安宁生活"这一点放在首位，孩子在尚没有自我生存、生活能力时，我们就是他能够获得安宁生活的最大保障。

其实，很多爸爸积极工作、努力拼搏的一个重要的目的，都是"想要让孩子生活得好一点"，但生活安宁并不只是吃饱穿暖就够了。除了物质上的安稳，孩子更需要精神上的安宁，且精神安宁对于孩子来说更重要。

精神安宁包括我们应该尽量让孩子感受到"父母双全"的家庭生活，有时间就要多多陪伴，而且是要有质量的陪伴；跟孩子要有足够的交流，也要主动包揽一些教育内容；成为孩子尊重的、仰望的人；等等。

另外，保证孩子的安稳生活，还包括我们不要"主动伤害"他。这种"主动伤害"有时候是明面上的，比如训斥、责打；有时候则是"扎心"的，比如明嘲暗讽、背后嫌弃；还有时候则是我们没有意识到的行为，比如拿孩子的短处开玩笑，故意给孩子扮丑，等等。

来自爸爸的主动性伤害，很容易让孩子陷入心理焦虑，尤其是不经常在家的爸爸，如果做出这样的举动，会让孩子对你产生距离感、恐惧感。

其次，孩子能受到良好的教育。

受教育是孩子的权利，让孩子接受教育也是我们每一位父母的责任，哪怕有的爸爸与孩子的妈妈分开了，但你依然是孩子血缘关系上的父亲，你依然有教育他的责任。

不能说"我总不在家，就不教育孩子了"，也不能说"教育孩子这件事我不在行，老师和妈妈才是教育的主力军"，在教育这件事上，每一位爸爸都绝对不能成为"甩手掌柜"，否则从原则上来说，你其实就是在侵犯孩子受教育的权利。

不过，有的爸爸一提到教育，就觉得教育就是辅导孩子学习，这其实是把教育看得太狭窄了，而带有这种认知的爸爸，很容易就会把教育的责任都推给学校和老师。

我有一次打车，跟司机师傅聊天，无意间说起了孩子的事情，司机师傅向我展示他孩子的班级微信群说："我上次就被老师踢出去了。"

我很好奇，问他做了什么让老师生气的事，他很无奈地说："老师在群里总是直接点名学习不好的几个孩子，然后就点名家长要督促孩子学习。我当时就回了一句'我要是会教，还用把孩子送学校吗'，结果老师就把我踢出去了。"

相信有这样想法的爸爸并不只是这一位司机师傅，他们总觉得"学校对教育孩子负有主要责任"，可是教育显然并不只是学校的责任。从孩子上幼儿园起，我们就会接触到一个"家园共育"的概念，到上学之后，我们又会了解到"家校共育"的概念，我们理应和学校一起努力，老师可能偏重知识的教学、学习技能的教育、思想的培养，而我们则应该致力于从各种日常习惯入手，帮助孩子尽快适应学习。

同时，孩子要接受的教育也不仅仅是知识学习这么简单，成长道路上要注意的事情太多了，孩子学会了走脚下的路，才可能走得更远，而知道怎么走才走得通、怎么走才走得更顺畅，这也正是我们教育的终极目标。

孩子只有获得"受教育的利益"才能成长为社会所需要的人，否则我们应该也都听过一句话："你的孩子自己不教育，那社会就会替你教育。"等到社会帮你教育时，你的孩子所经受的一切才是最残酷的，而到了那时候可能一切都为时已晚了。

最后，孩子能享受平等。

现在很多人都经常会说"要和孩子平等相处"，但他们理解的平等是一种"没大没小"。比如，爸爸跟儿子"称兄道弟"，对女儿"甘心为奴"，孩子甚至可以随便说爸爸，对爸爸颐指气使。

事实上，"平等"不代表孩子和我们身份地位的平等，因为前面提到了五伦关系，父子有亲、长幼有序，身份地位不可能完全平等，做长辈的就要有长辈的威严，而做小辈的也要有小辈的自觉。

一旦家中这种父子有亲、长幼有序的关系被破坏，日后你会发现孩子不服管教，过度自由会让他觉得自己可凌驾于他人之上，以无法无天的态度做出令人震惊的事，甚至会酿成悲剧。所以，无原则的平等是绝对有害的。

那么孩子应该享受的是什么样的平等呢？

第一，选择上的平等。比如说周末加班和陪孩子去游乐场，很多爸爸遇到这样的选择都会毫不犹豫地把"陪孩子"这个选项抛之脑后，内心只觉得"陪孩子玩什么时候都可以，工作最重要"。这样的选择本身就是不平等的，你凭什么不考虑孩子的心情？凭什么不认真比较加班与陪伴之间孰轻孰重？

陪伴孩子理应与加班、出差、工作、学习、家务等各种事项都在同等重要的位置上。遇到需要做出选择时，你应该衡量的是你的时间、精力要如何分配，衡量你所获得的与孩子所获得的要如何分配，这样你做出的选择才是合理的。

第二，态度上的平等。有的爸爸对同龄人和颜悦色，但对孩子就皱眉瞪眼，而且只要和孩子说话就拿出高高在上的姿态，这其实是很让孩子反感。我们总说要"对事不对人"，你的态度应该随着事情走，而不能因为你面对的是自己的孩子，就可以态度随意。

孩子是一个有独立思想的人，你尊重他，以平等的态度对待他，有事和他商量，有问题和他讨论，有建议好好对他说，对他的错误也只就事论事，这样孩子也将从你的做法中学到正确的处事态度。

第三，所得上的平等。什么是所得？实际的所得就是能得到什么，比如好吃的、好玩的、好看的衣物用具等；虚拟的所得就是精神上的收获，比如赞美、批评、鼓励、感恩等。

我们不能一切只为孩子付出，什么好东西都只给他，而是应该全家均等享受同样的好处，这样一来孩子才不会变得自私，他也能学会正常情况下的分享，也不容易变得斤斤计较。

同时我们也要安心享受孩子的赞美，接纳他合理的批评，他的建议应该听一听，对他也适当表示感谢，让孩子能从内心深处获得丰富的情感感受，而不只是听得到批评、训斥；孩子要能够经受得了我们的拒绝、否定，也要学会自我批评，并积极建立同理心，去体会父母的艰辛，这样他也更容易学会感恩，懂得珍惜。

综上所述，我们不难看出，如果孩子的"利益"都能得到满足，他至少可以成长为一个有基本做人准则、正派善良的人，他对自己将会有一个比较客观的判断。

所以，永远把"孩子的利益"放在心上不是件简单的事，我们要扭转一些错误观念，如"爸爸要忙，没时间陪你"，"只要你好好学习，爸爸再辛苦都无所谓"。我们应该深入思考，想明白怎么才能让孩子以正确的方式获得正确的利益。可以试试这样做：

第一，找时间理一理你应该做的那些事。

很多爸爸的生活、工作、教育等一切事项的分界其实并不清晰，有的爸爸生活和工作交织在一起，回家休息总接工作电话，工作时可能又会受到家里大事小情的干扰；有的爸爸以教育下属的方式来教育孩子，或以对待"长辈"的方式来供着孩子；当然还有许多爸爸，选择逃避，以忙碌、不在家等种种借口来躲开与孩子的相处。

那么，我们是时候静下来理一理自己了，想想这些问题：

我是谁？一位爸爸。

我都需要做什么？上班，实现个人、社会价值的同时养家；生活，为了让自己感觉快乐；陪伴家人，为了让自己享受家庭温暖；教育孩子，为了履行责任、实现自己人生的另一种成功。

我现在都做到什么程度了？是一直都在上班，没有经营生活？还是几乎从来没有陪伴过家人，只专注于自己的快乐？抑或对孩子想起来就逗一逗，不想理会就撒手全丢给妈妈？

我应该做出什么改变？认清楚自己的身份，明确自己的责任，让自己和家人，尤其是让孩子获得应得的安心。

理顺自我之后，你的生活重心就会发生变化，你可能就不再一心只忙工作了，家人、孩子也会成为与你工作同等重要的存在。

第二，跟孩子的妈妈好好谈一谈。

大多数家庭中，妈妈是对孩子的教育最有发言权的人。如果你想要获得对孩子的全部了解，想知道有些教育到底要怎么做，想明白为什么很多妈妈总是天天唠叨抱怨，那么你需要跟孩子的妈妈好好谈一谈。

先做一个好的倾听者，听听妈妈都在哪些事上抱怨、伤心，在哪些事上觉得力不从心，又在哪些事上颇有成就感；听听妈妈对教育有什么自己的见解，当然这见解不一定都是对的；听听妈妈还有什么其他心情，有什么一直压在心里的情绪。

倾听之后，你可以询问，问问她需要什么、孩子又需要什么，问问自己可以为她、为孩子做些什么，问问自己可以怎么去弥补。接着，你还可以说说自己的看法，说说自己是怎么理解生活、工作、教育、学习等事情的，告诉她你的计划。

　　然后，你可以跟她展开讨论，但不要试图说服对方，也不要想着推卸自己的责任。你们应该想一个两个人共同努力的方法，解决当下存在的各种问题，尤其是教育孩子方面的问题。

第三，把"要让孩子受益"当成你前进的动力。

　　"要让孩子受益"这句话其实可以帮你实现正己的目的，你如果要满足孩子所应享受的各种"利益"，那你就必须要不断努力。想放弃？想想孩子说的"爸爸是我的英雄"，那你就会立刻鼓起勇气。想偷懒？想想如何让孩子"来一次内容丰富的游学夏令营""去一趟国内最大的游乐场"，那你就会再次充满干劲。想逃避？想想孩子"我期待爸爸回家"的心情，很多困难也就不再是困难。

　　说到底，时刻想着让孩子受益，最终我们自己也将是同等受益人，因为我们为了孩子而不断变好，那么，我们自己也将享受到由此带来的种种"利益"。

多与孩子在一起，开发他的左脑

　　多和孩子在一起，一些爸爸认为，就是为了能和他好好相处，虽然不否认的确是有这样的目的，但你的收获绝不只是能和孩子好好相处这么简单。

有研究表明，那些有爸爸积极参与发展和教育的家庭中，孩子不仅学习成绩好，长大之后也都拥有较好的社会生活与婚姻生活。

也有研究表明，通过和爸爸的玩耍或其他互动，孩子主管逻辑和理性的左脑会得到充分的开发，而在婴幼儿时期缺少爸爸陪伴的孩子，其数理能力和行为意识有可能会比较低下。

之所以会如此，是因为从胎儿期到6岁，是孩子的脑发育最为迅速的时期，这个时候如果有爸爸妈妈及时且充足的互动，那么孩子的脑发育将得到极大的促进。

而从科学角度来说，妈妈和爸爸不论是思考方式还是指挥行动方式都存在差异，妈妈往往更偏感性，而爸爸往往更偏向理性，所以如果爸爸对孩子有足够的陪伴的话，孩子的左脑将能得到更为充分的开发，而只有爸爸妈妈都参与到教育中来，孩子才能获得最完整的健康心理素质教育以及最有效的脑发育。

作为爸爸，我们可能缺少像妈妈那样足够的耐心与细心，我们总是用很理性的思维去看待孩子的行为，有一部分爸爸会认为"我付出了行动，那就应该看到结果"，可是孩子的成长本就是需要时间、需要顺其自然才可能实现的。

从这一点来说，爸爸向妈妈学习很有必要，与其去想"结果怎样"，还不如把更多的精力投放在"我到底应该怎么陪伴孩子"之上。要帮助孩子开发左脑、变得理性，可做的事情有很多。

第一，带着孩子一起动手，增加行动力。

研究表明，手指的活动可以有效地促进大脑的发育，也就是说，动手与动脑相辅相成，当孩子拥有灵活的动手能力时，他的大脑也会得到锻炼。

一位妈妈讲了这样的事：

孩子爸爸对孩子要求很严格，经常给他定很多"任务"，比如学游泳，就是"每天要游30圈"；打篮球，就是"每个周末都必须打满足够的时长"，爸爸觉得："对孩子就得训，不然他不长进。"

然而不论是游泳还是打篮球，孩子在这样严苛的要求下做得都不算好。爸爸思考了一段时间后，改变了"策略"，他不再用任务来约束孩子，而是开始和孩子一起行动。游泳，爸爸和孩子从热身开始一起做起，父子俩一起下到水里，展开竞赛，互相比拼；打篮球，爸爸也时不时和儿子来上一段对抗，父子俩切磋球技。效果竟然出奇得好，儿子游泳和打篮球的技术都有了长进，而且父子俩的关系也比之前好了许多。

只有行动起来，孩子才能有更真切的感受和改变，我们在陪伴孩子时，不妨根据他的性格、能力发展水平以及我们有意识的培养方向，寻找一些能让孩子动起来的事情，和他一起做，比如做手工、做观察，锻炼、进行大动作的游戏，等等。我们"说走就走、说做就做"，孩子也会跟着我们学会主动行动，提升行动力。

第二，和孩子进行有逻辑的沟通交流，培养他的思维能力。

爸爸的思维方式往往偏理性，那么我们在和孩子交流的时候，可以"引入"逻辑性的表达，帮助孩子学会遇事冷静分析、理性思考。

不过，我们也要注意委婉表达，有逻辑、理性的表达也要有温情，也可以跟妈妈学学怎么与孩子说话，选择更合适的方式来让孩子理解并慢慢具备理性思考。

第三，以自身视角来引导孩子。

先来看一个例子：

> 一位妈妈发现儿子上完绘画课之后袖子上满是颜料，她皱着眉头看了看儿子，儿子一开始很慌张不敢说话，后来才说是颜料挤在桌子上了，自己用袖子擦干净了。妈妈很焦虑，认为儿子都不知道去找老师要纸，认为他不讲卫生也不会处理突发情况。

> 但后来，妈妈和爸爸聊了聊，爸爸却是这样看待这件事的："如果是你，工作中突然出现了小失误，你是不是也会先想办法自己处理，实在处理不了了再找同事帮忙？儿子如果当时就去找老师或同学，因为不知道老师和同学的态度，他生怕大家会笑话他，所以他才选择悄悄'藏起'这件事。"两人经过讨论认为，当孩子再发生什么状况时，应该和他多沟通，让他说出自己真实想法，然后再根据实际情况知道他具体该如何做。

从爸爸的视角，他看到了孩子的内在发展，这也是教育孩子的非常好的角度。所以，我们如果有时候也发现了好的教育角度，不要放过这样的教育机会，从自己的视角出发去给孩子更好的建议，向他传授我们自己体验过的、总结出来的更有效的处事经验。

其实我们关注的重点，应该是要好好陪伴孩子，给他充足的陪伴，是他能不断变好的一个重要基础，你只要做到这一点，那么孩子到底能从父母的陪伴中有怎样的收获，也就取决于他自身的成长需要了。

简单来说就是，陪伴是孩子能有更好发育的基本条件，你要先满足这个条件，然后再去说其他的。也就是我们不能把这个关系搞反了，不是说我们因为知道"父亲的陪伴可以促进孩子左脑发育"然后才去陪伴，而是"我们主动给予孩子充足的陪伴，让他各方面有良好发育"，最终可以收获他左脑良好发育这个结果。

否则，带着"想要获得什么"的迫切心去陪伴，可能会变成急功近利，也会出现刻意引导和过分关注，孩子反而会感到一种紧迫与紧张。当你发自内心地去多多陪伴时，一些好的变化就会如花开一样，在不经意间给你带来惊喜。

爸爸也要做家务

家务，指家庭日常生活事务，既然是"家庭"的事，也就自然是所有家庭成员都应该做的事，每位家庭成员都有责任去承担。

很多家庭中之所以会出现妈妈主要操持家务的情况，是因为大部分妈妈都愿意去承担家务，但她的这种选择和行为，绝对不能被我们当成理所应当，家务本身也绝对不能被我们直接归类为"妈妈做的事"。

为什么这样说呢？我们一旦对家务有了"性别"认知时，它就会立刻转变为家庭和睦的一个隐患，变成一个不知道什么时候会爆发的隐藏矛盾点。

很多妈妈本身也是忙碌的职场人士，所以，相比较很多只专注自己工作的爸爸来说，这些妈妈就要兼顾工作与家庭，而其中许多事情其实是繁琐而又沉重的。我们也听过一种说法叫"妈妈是超人"，你看她能兼顾这么多事，而就我们自己的体验来说，她还能把这些事都处理得井井有条，那你说她是不是"超人"？

但妈妈也只是因为必须兼顾很多事而像超人罢了，她可并不拥有超能力。很多爸爸一回家就往沙发上一瘫说："我今天跑业务了，累死了！"然后就可能支使妈妈倒水、做饭，那妈妈累不累呢？

妈妈当然也会劳累了，而且毫不夸张地说，她应该比我们更累。她的大脑需要不停地在不同事情上切换，行动还要跟上，所以，妈妈更容易陷入一种身心疲惫的状态。这个时候，爸爸的"不做家务"就很可能成为家庭冲突的爆发点，而当爸爸妈妈之间爆发了冲突，孩子自然也就不能幸免，势必会受到"牵连"。

所以，如果你家里就是孩子妈妈在做家务，她每天都要做饭洗衣、清洁整理，处理各种缴费、修理，再加上照顾孩子，有的可能还要照顾老人，而你要么是工作繁忙做不了这么多，要么是经常出差没机会做这些，那么你就要注意了，结束工作回到家后，你最好能把妈妈所做的那些工作一一接过来，就算没办法全接过来，也要尽量去分担。

有一位爸爸是这样做的：

　　这位爸爸经常出差，在家时间很不固定，平常家里大事小情一直都是妈妈在操持。这位爸爸每次回家之后，妈妈就可以彻底休息了，比如说由爸爸做饭，吃完饭碗筷桌子还是爸爸来收拾；爸爸也会主动去做其他事，比如拿快递、洗衣服、擦洗修理家里的东西，等等。

　　他是这样说的："我因为经常不在家，家里的所有事都是孩子妈妈在做，妈妈很辛苦，所以当我在家时，就要把能做到的事情多做一些，这是很正常的。"

在对待家务这件事上，这位爸爸的想法及行动都是可取的。当然这并不代表我们要以此为标杆也参照着这么做，只是我们也要像这位爸爸一样，从为家庭、为妻子、为孩子等多方面认真考虑，然后再选择我们觉得合适的方式参与到家庭事务中去。

那么，我们可以怎么做呢？

第一，确定家务分工。

一般来说，对于并不明晰的事情，我们能主动去做的概率不大，但如果可以条理清晰地把每个人该做的事情列出来，也就是以一种安排任务的方式来明确每个人都需要做什么，就更能调动我们做事的积极主动性。

虽然家务事理应是所有家庭成员都要做的事，但如果明确分好工，我们和孩子妈妈、孩子也许能够实现在家务合作中其乐融融的氛围。

在分工的时候，我们理应主动承担一些比较重体力的活，像搬动大件物品、爬高拆卸等，这是我们自身力量得到发挥的好时机；也可以选择一些不那么紧急的，可以攒一攒的活，比如家里哪里需要维修，暂时不急用，就可以提醒孩子妈妈一句"你不用操心，留着我回来修"；当然如果你是一个很有眼力见儿的人，那么你也可以和妈妈约好，"等我回来，你没做完的事我来做"，也就是做一些自己分工之外的事，让妈妈有更多的休息时间。

不过，这种分工合作的方式，我们可不能真的把它当成上下级分派任务一样，明确每个人的任务也是为了更好地为家庭发展而努力，并不是为了"划清界限"，比如我们把自己该做的做完了，那么妈妈日常的事情还是能做就要做，一家人之间不能是"我擦完地了，你衣服没洗完是你的事"这么冷漠的相处方式，如何调节"完成任务"与"温暖关爱"之间的平衡，需要我们好好调动自己的"大智慧"。

第二，关注一下教育方面的大动作：劳动课。

2022年，教育部正式印发《义务教育课程方案》，将劳动从原来的综合实践活动课程中完全独立出来，并发布《义务教育劳动课程标准（2022年版）》。《标准》中指出，义务教育劳动课程以丰富开放的劳动项目为载体，重点是有目的、有计划地组织学生参加日常生活劳动、生产劳动和服务性劳动，让学生动手实践、出力流汗，接受锻炼、磨炼意志，培养学生正确的劳动价值观和良好的劳动品质。

这是孩子必然要接受的教育，而离他最近的劳动内容，其实就是家中的家务，所以仅就从为孩子成长的角度来考虑，关于劳动的教育就必不可少。你想想看，如果你自己都不参与家务，自己尚且对孩子妈妈支使来支使去，你觉得孩子能够接受劳动课教育吗？或者说，他对劳动的态度是不是会与你的态度"一脉相承"？当你吼着"学校说了让你做家务"时，孩子也完全可以回应"你自己都不做，凭什么要我做"，到那时你可真就无话可说了。

如果你没有关注到这一点，建议你搜索一下这方面的新闻，去看看国家对于孩子未来成长要求都发生了怎样的变化，也许出自官方的文件可以改变你对劳动这件事的看法，同时也间接改变你对家务事的重视程度。

第三，丢掉"家务能有什么"这种"理性"认知。

孩子妈妈最不喜欢听到我们说的话中，有一句就是类似于"每天就是洗衣做饭，能有什么麻烦的"。说这话的爸爸，都是站在自己的角度来看待家务事的，是按照自己头脑中设想的"不过就是几分钟的事"来看待妈妈的付出。

不知道大家有没有看过一些小视频，就是有些爸爸说妈妈"整天在家带孩子有什么累的"，然后当他自己带一天孩子时，会发现很多事远不是他所想的那么简单，看似好像很容易就能完成的事，其中却有各种各样的波折，而很多妈妈每天就是在这样没完没了的波折中把家打理得井井有条的。

有些爸爸说"我理解妻子"，但你的理解也只是站在自我角度，你口中说的"辛苦了"远不如你主动伸手接过那些活，你也做一做、动一动，更能让妈妈感觉到欣慰与被关怀。

至于说"我不会做""我做不好"这样的理由，可不能构成我们什么都不做的借口，在说这些话之前，去想想孩子，儿子会以你的言行为榜样，女儿会以你为参照来对异性进行评价，所以在做家务这事上，我们最好还是多上点心，毕竟全家都勤快起来的话，我们的家也会变得更整洁温馨，生活也会更舒心。

第六堂课

不买学区房，也能让孩子"起跑线"不落后

"不让孩子输在起跑线上"，这是很多父母都很认同的一句话，为了不输，我们便人为地设定了很多起跑线，比如上学要住学区房，这样才能上好学校，但真正的"学区房"只是一套实际存在的住房吗？并不是的，想让孩子不落后，我们要做的事情还有很多。

给孩子营造一个良好的成长"环境"

幼苗成长都需要一定的环境，孩子这株小幼苗的成长更需要良好环境，对于这一点，身为父母的我们都深表赞同。

于是很多人从孩子上幼儿园开始就为寻找"好环境"而不断奔波，为了能让孩子进入父母认为不错的幼儿园，有的孩子甚至每天要跨越城区、奔波很远，只为能享受所谓的优质"学前教育"。

等到要上小学了，父母们又越发推崇"学区房"，人人挤破了头花高价去抢那些"老破小"的房子，只因为它位于名校学区之内，仿佛只要能身处名校所在区域、进入名校开启学生生涯，孩子的未来就有了比别人多得多的保障。

我们以为自己这样做是在诠释"父母之爱子，则为之计深远"，认为这样做是对孩子表达爱，是在为他划定"不输"的起跑线，可孩子进入名校就一定成才吗？

我曾经听过这样一件事：

某小学有一个班，在一二年级的时候都是同一位老师带班，在这位老师的教育引导下，这个班的各项成绩都在年级前列。但是三年级时这位老师不再带这个班了，转而去教其他班了，结果这个班的各项成绩在很短的时间内滑落了很多。

于是家长们非常焦虑，有的抱怨学校这种换老师的制度不好，有的抱怨老师没有坚持到底的精神，还有的则干脆去找学校反映，希望能把老师给孩子们再换回来。

孩子的变化势必会引发家长的焦虑，但他们都抱怨错了，抱怨老师、抱怨环境，唯独没有抱怨过自己。这个班的孩子为什么会出现这样前后差距如此明显的变化呢？究其根源可能就在父母身上。

老师教得好，这是老师的努力工作有了成效，而这些父母却因此就将孩子全部交托给了老师，自己没有过多参与到对孩子的教育中来，也就是父母和孩子都对老师产生了很强烈的依赖心理，以至于当老师不再带班之后，孩子和父母内心的依靠就此消失，这才导致后续的学习陷入一团乱的境地。

这件事是不是和我们为了给孩子创造良好成长环境而挤破头去抢"学区房"有着异曲同工之意呢？我们总是在强调客观环境，好学校、好老师其实都可以被归类为是客观环境。好的客观环境的确会带来一些益处，但客观环境也不会以人的意志为转移，它具有不稳定性，就像这位老师被调离的情况一样，它可能会发生我们无法预料及改变的变化，如果过分依赖这样的环境，一旦环境发生变化，我们势必会无法适应。

那么话说回来，若想要孩子好好成长，我们如何才能给他一个好环境呢？

好的环境包括外部环境与内部环境，对于孩子来说，外部环境一般就是学校、居住环境。在我们有能力选择"学区房"或其他较好的居住环境时，我们可以把孩子未来即将要接受教育的客观环境也考虑进去。

就像是孟母三迁，她就是为了给孩子找一个更好的居住与学习环境，为了让孩子不受不良风气影响，且她也有条件去选择，所以她努力做到了。也就是在我们的能力范围之内，如果有条件可以选择更好的居住、受教育环境，我们完全可以去选择，这无可厚非。只不过这样的选择我们也要有多方考量，不要盲目跟风。接下来我们要做的才是重中之重，那就是关于我们家庭内部环境的建设。

我们说给孩子创造一个良好的成长环境，其实最主要的是要看我们能给孩子提供什么，毕竟父母才是孩子成长环境的第一创造者。

就像那些"大山里走出来的状元""贫穷山村飞出来的金凤凰"，这些孩子原本的生活环境可能极为艰苦，没有那么丰富多彩的课外生活，没有父母作为知识上的辅助导师，可他们在这样的环境下却始终上进，去往更高等学府，为国家做出更大贡献，他们靠的是什么？其实就是他们的教育者。这些教育者也许讲不出那么多的大道理，但是他们自身的人格魅力却能带给孩子深远的影响，比如，他们淳朴、诚实、踏实、肯干，他们无私、善良、真诚、有担当，这些做人的基本原则本就是孩子成长最好的养料。

由此可见，孩子所需要的最好的成长环境，其实应该来源于我们自身的表现。那么具体一点来说，我们应该给孩子营造一个怎样的"环境"呢？

首先，有规矩——良好环境的框架。

东北的黑龙江省是中国最大的粮食生产基地和商品粮输出基地，其原因就是它地处世界三大黑土带，黑土地被称为"世界上最肥沃的土壤"，有"一两土二两油"的比喻。为了保护黑土地，国家通过了相关法律，用法律手段保护黑土地这一"耕地中的大熊猫"。

之所以如此严格，是因为黑土地是粮食生长的绝佳环境，我们不能破坏这个环境，也不能擅自更改环境。同样的道理，为了能让孩子更茁壮成长，那么我们家中原本就有的、好的规则与习惯，就像这肥沃的黑土地一样，也应该尽量保存下来，不能随意破坏。

为什么这样说呢？因为从长幼有序的角度来看，孩子是后来者，而我们在成立家庭时就已经有了比较好的、适合家庭发展的规则，那么当孩子到来之后，他也理应在这些既定规则之下成长，不能因为他的到来就放宽甚至是更改规则。相反，我们还应该尽早教孩子理解这些规则，并按照规则去做，让他从一开始就打好基础，以家中良好规则为规范，减少长歪的可能。同时，爸爸妈妈也要站在一条教育战线上，坚持家中既定的良好规则不动摇，帮助孩子尽早养成好习惯。

除了这些既有的规矩，我们还要注意一点，那就是孩子不可能只被圈在家里，他势必要去接触社会，当他进入幼儿园、学校等这样的集体中时，当他开始与社会上不同的人有所接触时，他就会因为环境变化而产生改变，有可能原有的好习惯没有了，或是染上了新的坏习惯，也可能受到好榜样的影响而出现向好的变化，也就是说，原来一些规矩对孩子的约束力可能会发生变化，这时就需要在规则上进行一些相应的改动。

我们可以根据孩子或好或坏的变化来改变一些规则。比如，孩子养成了好习惯，那么关于这方面的要求就不需要过多强调了；如果孩子有了坏习惯的苗头，那就增加一些这方面的规矩来对他加强约束。不论怎样的改动都应该做到全家知晓，爸爸还要找机会对改动的规则向孩子反复强调，意在提醒他，"哪怕爸爸不在你身边，你的变化爸爸也会了如指掌，爸爸也希望你能进步"。

其次，有温度——良好环境的内涵。

家里需要规矩，但家里显然不能只有规矩。孩子对家庭的印象不能是冷冰冰的，不能只有各种条条框框，即便是条条框框，外面也应该包裹着毛茸茸的"外套"，要有一定的温度。也就是说，我们要在爱之中去给孩子定规矩，是出于要好好爱孩子，想让他有好的成长才定规矩、提要求，也要让孩子明白，这些规矩要求并不是苛刻的约束，而是爱的鞭策。

这就要求我们，要给孩子一个好脸色。有的爸爸训斥起孩子来毫不留情面，指责孩子的时候也会过于严肃，尤其是这种情况还经常发生，这无疑会让孩子觉得爸爸不好接触。还有的爸爸和妈妈会闹矛盾，尤其是在教育孩子的时候，爸爸妈妈互相唱反调，这也会让孩子内心产生"我带来了家庭矛盾"的压力，这些做法显然都不是有温度的表现。

我们要给孩子的那个成长环境，应该是充满温馨气息的，要让孩子感受到爱。我们日常应该更多地表现出和颜悦色，对孩子少一些挑剔，多一些包容和指点，允许他犯错，也允许自己犯错，不因为一点小事就吵得不可开交，而是面对大事也能迅速冷静下来，多思考、多努力行动，给孩子以"有爸爸妈妈在，不论什么问题都能解决"的安定感。

这种温暖还包括我们全家彼此关爱，比如作为爸爸妈妈，我们会关心孩子的生活、学习，会关注他吃饱穿暖、交朋友等方面有没有问题，那么反过来说，孩子如果关心我们，我们也要给他积极的回应，而不是说一句"你管好自己就行了"把他的关心顶回去。家中的温暖理应是双向的，我们向孩子展示的温暖，也可以求一求"回报"，这其实也是对孩子善良、爱心、友爱的良好德行的培养，这种培养不能只是嘴上说，当孩子做出来的时候，当他能先对父母表现出关心爱护时，这其实正意味着他的成长，也意味着我们家中的这一温暖环境的塑造是成功的。

最后，有发展——良好环境的可持续性。

良好的环境从来都不是如流星那样一闪而过，而是具有一定的可持续性发展，有一种不断向好的状态，我们要给孩子创造的最好的成长环境也应该如此。要实现这一点，就需要我们不断地去观察、感受，通过孩子的变化、我们自己的变化以及需求去调整环境。

比如说，当你发现家里的环境越来越乱，沙发上、桌子上东西乱堆，如果你仔细看，就会看到那些乱堆的东西里，不只是有我们自己的东西，还有孩子的东西，这其实意味着我们全家人都在变懒，这就需要我们中有一个人来赶紧行动起来，不一定非要是妈妈来行动，作为爸爸的我们也可以立刻开始动手整理那堆乱糟糟的东西，然后借此调动全家人的行动。待重新收拾干净之后，我们也可以借此机会开个家庭会议，对于"全家变懒不好好收拾"这件事来一个全家检讨，然后再合理分配一下未来家务整理的有关工作，保证做到不再让家有变乱的趋势。这一整个的过程，其实就是我们积极主动地对家庭环境维系所做的改造，是我们让家变得越来越好的改造，是促使家庭环境可持续发展的改造。

良好环境需要我们全家人一起维护，尤其是爸爸妈妈，要及时发现问题、剖析问题、改正问题，不论是谁出了问题，都要有积极的态度，有想要变好的强烈愿望。这样一来，我们所做的努力才是真正让家变好的努力，这样的环境充满了积极向上的正能量，才是孩子成长所需的最好环境。

教孩子的根本方法：正己化人

很多人觉得教育孩子是一件"对外输出"的事，也就是我们要做到教授孩子知识、纠正孩子错误、引导孩子思想、指点孩子未来。但在教育方面有一个很经典的"给水"的说法，想要给孩子一杯水，我们自己或者说老师得有一桶水，也就是我们自己要有足够的底蕴，才可能对孩子教之有道，否则我们自己只有一勺水，又怎么能满足孩子的需求呢？

显然，教育孩子并不只是输出，还要有输入，而且，输入还要比输出更在先。先为自己蓄满一桶水，然后再舀出孩子所需要的水，"自己有（懂／悟）了，才能给孩子""自己做到，才能给到"，这才是教育孩子的根本方法，用一个词来形容，就是"正己化人"。

"正己化人"的说法出自《太上感应篇》，那一段原文是这样的："积德累功，慈心于物。忠孝友悌，正己化人。矜孤恤寡，敬老怀幼。昆虫草木，犹不可伤。"大概意思就是，为人应该力行好事，对于万事万物要有慈悲之心，这会提升自己的德行。要做到对国家尽忠，对父母尽孝，做到友爱兄弟，先端正自我，然后再去劝化他人。能够怜惜、救济孤寡无助的人，也能尊敬老人、关怀幼儿。对待一切生物，都不能肆意伤害。

从这些内容我们不难看出来，身为父母，我们只有在这方方面面能够做好，先端正了自身，才能知道什么样的行为是对的、怎样的做法是不合适的、如何做才能更符合社会需要，之后再教育孩子时我们就能有一个基本的准则，知道向什么方向去引导，同时我们自己也会更加有教育的底气。

所以，要给自己投资成为好爸爸，我们可以从"正己"和"化人"两个方面入手。

先说"正己"。

相比较而言，正己显然要更重要一些，因为它决定了我们个人的水平基调，决定了我们将会成为一个怎样的人，先端正了自我，接下来才有资格"化人"。

有"三个笨鸟"的小故事，值得一说：

　　孩子成绩不好，爸爸很着急，用了很多方法都不管用，于是就给他讲了"笨鸟先飞"的故事，谁知，孩子不但不认同，还对这个故事进行了反驳："我觉得，笨鸟有三种！"

爸爸很好奇，就问："哪三种？"

孩子则说："一种是自己喜欢飞的，就先飞了；一种是不喜欢飞的，所以就后飞；还有一种是自己不飞的，就下个蛋，然后寄希望于这个蛋，希望蛋里的小鸟以后能飞起来！"

看，当爸爸做得不够好，孩子也就不会认同爸爸的教育。显然爸爸只有做到"上所施"，即"正己"，孩子才会做到"下所效"，即"化人"。

那么，我们怎样才能实现"正己"呢？

第一，弥补自我。

没有人是完美无缺的，每个人都有各种各样的缺点。而且每个人的每个成长阶段都可能会出现各种各样的问题，还有很多问题可能是之前就埋下的隐患。

所以"正己"其实就是不断自我检查并自我改进的过程，查看自己哪里还存在不足。比如读书少，就给自己制订合适的读书计划，增加学识；有一些不好的习惯，就提醒自己集中一段时间改掉这些坏习惯。

"正己"的"正"是一个动词，是"修正""使端正"的意思，无非就是改掉错误、弥补缺点，让自己不断向着一个积极、健康的方向前进。

那么，我们就不要怕剖析自己，不要怕暴露自己的缺点，就好像你有个伤口，越是遮遮掩掩，它不但不会好，反而会向内里烂得更深；可你越是积极治疗，将它暴露在外，寻找合适的治疗手段，它就越能更快地愈合。尽管愈合后可能会留下不好看的伤疤，但它的内里却已经是健康的了。

我们不妨这样来想，之前的问题、缺点、错误都会留下印记，它是已经发生的既成的事实，无可改变，但未来是可以改变的。治疗痊愈的伤疤给我们留下的只是一段记忆，你可以把它看成是一段提醒你不要再受伤的记忆，但它早就不会对我们的健康产生任何威胁，它就只剩下提醒的意义了，而我们本身已经继续在不断向前走了。

第二，充实自我。

作为成年人，我们有工作、有事业、有家庭、有朋友，有些人因此会觉得已经满足了。

但现在满足未免太早了点，就像一个气球，你给它充一半的气，它就已经可以飘起来了，但如果你给它充满，它可能会飘得更久更远，还可能会飞得更高。

也就是说，我们每个人其实可能都只处在一个"及格线"的状态，不论是知识也好，技能也罢，都是一个刚好够用的状态，虽然这能保证我们衣食无忧，但想要更好，恐怕就有些困难了。那想要更好怎么办？就只能再给自己的内里充充气。我们每个人其实都潜力无限，你不断地往头脑中装更多的东西，会让自己拥有越发扎实的根基、越发厚实的沉淀，这些都会让你的工作越来越有干劲，因为你的能力、思考水平都将随之得到提升；也会让你的生活越来越有意义。

第三，提升自我。

如果说弥补自我是第一层楼，先要填补漏洞，充实自我是第二层楼，要让自己根基丰厚，那么提升自我就是更上一层楼的第三层楼，让我们能够不断向上。

你只有不断向上，你的人生才会充满动力，生活才能实现真正意义上的令自己满意。

具体要怎么做？参见前文"你一认真，'好爸爸'就'炼'成了"这一节，里面提到的读好书、做好事、做好人，就是我们提升自我最基本也是最重要的内容。

当我们实现"正己"之后，接下来才可以"化人"。

作为爸爸，我们"化人"的主要对象，就是家里的孩子。

"化人"这件事本身是没有私心的，比如说，我们不能带着"我要把我孩子培养成某某家"这种很功利性的想法去教育孩子。作为父母，教育孩子本就是天经地义的事，是我们义不容辞的责任，我们重点"化"的应该是他的教养、德行、素质等。

为什么这么说？我们可以想想看，一般我们在外面觉得一个人表现不佳时，总会先觉得他的家教有问题，一个人表现不好，被指责的往往首先是他的父母长辈，足见一个人的教养、德行、素质有多重要。

那么，我们应该怎么做呢？

做个好爸爸是我们人生最重要的"投资"，那么，我们的"化人"行为应该是眼里要看得见孩子的未来成长，对他开展的各项教育，要有利于他的人生发展。

比如，要培养他具备各种良好习惯，包括生活习惯、学习习惯、与人交往习惯、做事习惯等；还要教他掌握各种生活技能，包括如何打理自己，整理衣物、书桌，给自己做饭，清洁自身，建立合适的学习与生活空间等；还应该教他识别各种类型的知识，不仅包括文化知识，还有安全知识、技能知识、社会知识，教他学会思考、分析、辨别和探讨，等等。

当然，在这个过程中如果我们发现孩子在某些方面的确有天赋，那就在这方面多下点力气、多花点时间，以鼓励和支持帮助孩子坚持下来，说不定，这就是他未来能发挥潜能的职业领域。

"化人"，还有一点需要我们格外注意，就是不要比较。很多人似乎都很喜欢比较，除了把自己和别人比，还把自己的孩子和别人的孩子比，喜欢用他的优点来跟自己孩子的缺点比，这无疑是"化人"过程中的一大阻碍，不仅影响我们对孩子的整体判断，也影响孩子自身积极努力的态度。

要想清楚，我们"化"的是谁？是自己的孩子，他好不好、有没有问题，与别人的孩子无关，其他任何孩子都不是我们孩子的标准，符合孩子自身成长特点的才是正确的标准。

另外，教育上的"投资"我们一样可能会遭遇失败，"正己化人"急不得，要给孩子成长的时间。再者，教育这件事可能并不是你一个人努力就能做好的，你做到自己该做的，孩子能吸收多少、能被"化"到什么程度，那还需要在未来被验证。而且，我们教育孩子都应该有一个终极目的，那就是培养他做一个"好人"。正所谓

"儿孙自有儿孙福"，我们向孩子传递了正确的教育，他拥有正确的"三观"，那他未来的人生就不会差到哪儿去，因为人只要正了，生活终归会给他应有的回报。

拿起书本，做个真正的"读书人"

当手机已经成为很多人必须抓在手里放不下的物品时，这就意味着我们的很多时间都已经被它霸占了，以至于我们无暇顾及手机之外的其他事，比如前面提到的因为手机而不能陪伴孩子，还比如关系到我们自身成长进步的一件事——读书。

如果把手机和书籍放在你面前，在不假思索的前提下，你会立刻拿起哪一个？应该会有相当多的人选择手机，原因无非是"我还有人要联系，有信息要回""我有业务要在视频中谈""我想要追最新的电视剧集""我想要看看新闻、浏览新鲜事""我有个游戏还没打完"……而不选择书籍的原因则可能是"我现在没时间坐下来看书""我想找个合适的安静的时间再看""我没耐心看这么多字""我已经好久不读书了"……

这就很具有讽刺意味了，手机似乎随时随地都能开启，它的任何功能都能吸引人操作下去，可若想翻开书，有的人总能找到各种奇葩的理由来拒绝。

现代人对手机的迷恋到了一种什么程度呢？相信很多爸爸都可以做个展示，一些家庭中应该不乏这样的场景：妈妈在家里忙碌着，打扫清理、做饭、教育孩子，嘴里唠唠叨叨，手中忙个不停，而爸爸却是躺在沙发上，刷短视频或打游戏，甚至开始吃饭了，妈妈在一旁张罗孩子好好吃饭，爸爸依然能一手手机一手筷子，一边享受真实的美食一边享受所谓的"精神美食"。

如此来看，要说"放下手机"这样的提议，的确应该更多地说给爸爸听，爸爸要更努力做到"把手机从双手间解放出来"，空闲下来的双手也该多做一些其他方面的事，比如做家务，还比如读书学习。

可一说到读书学习，有的爸爸并不会先想到自己，而是开始指责孩子，在这样的爸爸眼中，"孩子、手机、学习"这三者间也有着一层令他烦恼的关系，比如有的爸爸抱怨说："现在的孩子定力可差了，我一看手机，他就跟着看，我说让他好好看书学习，他才不听呢，一说让他玩手机，他比谁都积极。而且他还跟我抢手机，跟他妈妈可不敢。"

这样的抱怨，可不算合理。先说孩子的定力，也就是专注力，孩子原本就会被各种新鲜、好玩的事物所吸引，你看着手机哈哈大笑，无疑就是吸引孩子关注的"开关"。再说"让孩子好好学习他不听"，你玩着手机却让孩子去面对相对繁重的学业，他当然不愿意。而"一说让玩手机，孩子比谁都积极"，这是一种趋从心理，孩子会想要像爸爸一样也"玩手机玩得很快乐"。至于说"孩子不敢跟妈妈抢手机"，是因为大部分妈妈都会限制孩子玩手机，妈妈自己因为忙碌而并不会沉迷于手机，所以她的教育很有底气，而经常玩手机的爸爸对孩子自然就没有说服力。

想要在教育中有说服力，我们就应该做一些有说服力的事，如果你能放下手机，转而拿起书，做一个"读书人"，当孩子看到"爸爸开始学习了"，他应该也会慢慢跟着你开始看书学习。

不过提到读书，很多人又会觉得自己已经看不下去书了，对于那种大片段的、密密麻麻的文字产生了接收困难，比如学校老师发的通知，一旦是那种文字很多的内容，会有相当一部分家长不想看或根本看不下去，转而四处询问"老师到底说了什么"，也就是去求一个"精简版"的内容，希望能一两句话就能解释清楚大概内容。

为什么会出现这样的情况？其实是我们的耐性和一字一句读书的能力逐渐减弱了，对文字的推敲能力也正在慢慢退化。而手机等电子产品提供的多是精简内容，图示、视频、语音、一句话新闻等方式，让我们更快速地了解各种信息，这无疑更让我们的"慢阅读"能力没了用武之地。

但是我们不能否认，那些曾经学过、背过、看过的书本文字，是我们反复阅读、分析、思考过的，甚至对每一个字都认真研读过，它们早就刻印在了我们的大脑之中，不论何时回忆都能很轻松自然地脱口而出，而且能说出文字背后的意思。这就是读书的魅力和神奇效果。

著名画家黄永玉在接受采访时鼓励大家多读书，他说："我这个老头子，一辈子过得不那么难过的秘密就是，凭自己的兴趣读书。"在他看来，"手机是它帮你想，书是从它那里得到知识"。

黄老的这种说法很值得思考，手机强大的功能让我们只剩下了

"选择"，它会把各种可能替我们想到，于是我们越发不用动脑，一切只靠它的运算就能轻易得出结果；而书不一样，它静静地摆放在那里，知识就存留于它之中，你什么时候拿起来翻看，知识就什么时候进入你的头脑思想，你放下它时，它只不过是暂时关闭了知识输出的大门，待你再打开，你依然可以从这个宝库中源源不断地汲取营养。

毫不夸张地说，手机正悄悄地使我们陷入被支配的境地，而书则是不断无私向我们输出无限广博的知识，这时再问出那个"选手机还是选书"的选择题，你知道该怎么选了吗？

在前面"真学问和大文章从哪里来"一节中，我们已经意识到阅读"大文章"的重要性，也得到了一点关于读书的小建议，如果你愿意选择读书，那接下来，在这里还有关于阅读更详细的内容，可以这样来做：

首先，做个小计划。

让你放下手机并不是要你很决绝地干脆什么都不看甚至是完全放弃手机，而是要对手机的使用有一个更合理的规划。

比如这样安排：工作时间里，手机的作用只是联系、传递信息，不要开启它的娱乐功能；工作结束休息时，不要把全部休息时间都划归给手机，而是分出一部分时间，比如每天分出半小时来读书（或亲子共读）。

这种方法是针对最初我们决定要放下手机开始看书这个时期的，因为这时我们已经习惯了沉浸在手机之中，一下子就直接看书，很多人也会感觉不适应，所以这个时候可以先用这样的小计划来做个过渡。

除了时间安排，小计划里还要包括欲读书籍的安排，如果你实在不知道从哪里看起，那就不妨从你知道的那些经典入手，四书五经、《史记》《资治通鉴》……你知道哪本的名字，就从哪本开始看。看的过程中也要有思考，还可以把它们随手记录下来。一本本看下来，总会慢慢找到自己想看的方向。

其次，把书看进去。

分出来的那段时间，并不是我们每天不得不做的任务，而是为了让我们自己变得更好的一种主动行为。那么当我们翻开书时，就要投入百分百的认真，要能把书看进去。最起码你要知道，这是一本什么书？它为什么吸引你？你能从中看出什么？你已经从中得到了怎样的感悟？

实际上，当你能把书看进去时，那个时间限定就已经不重要了，这时你会以自己"想看"这种想法为主，看多久就取决于你自己什么时候想放下书了。这种状态有助于我们养成良好的读书习惯，直到每天都愿意打开书来读一读。

当我们把书看进去之后，其实还有另一个作用，那就是对孩子的指引。我们可以让孩子知道自己读了什么书，给他讲讲你读到的内容，这无疑会增加他对书的了解和阅读面。而且，这也是你和孩子展开交流的一个很好的契机。不用发愁你和孩子没得聊，说说你看了什么书，书里讲了什么内容，你觉得什么地方有意思，你还觉得什么地方值得思考，这其实相当于孩子自己也读到了一本不一样的书，也是一件很有意义的事。

如果你是经常出差的爸爸，那么在孩子看不到你的时候，你读了有意思的书，用一句"等爸爸回家给你讲这里面的故事"，或者是"等爸爸回家也给你买一本青少版"，一下子就拉近了你和孩子的距离，他对你的期待无疑又增加了一项。

再次，读有意义的书。

有的人可能觉得，读书难道不应该涉猎广泛吗？读得越杂，岂不是了解的面越广？这话原则上没错，但如果你的阅读范围很窄，对你自己的提升也就有了一定限制。

所以才要读有意义的书，这样的书能让人增长见识，引发你思考，解决内心的某些困惑，可以让你有茅塞顿开的感觉，这样的书需要你静下心来看，而从中学到的内容，在日后你教育孩子的过程中也能发挥作用。

　　杨绛先生把读书比成隐形的"串门儿"，她说，"要参见钦佩的老师或拜谒有名的学者，不必事前打招呼求见，也不怕搅扰主人。翻开书面就闯进大门，翻过几页就升堂入室；而且可以经常去，时刻去，如果不得要领，还可以不辞而别，或者另找高明，和他对质""每一本书——不论小说、戏剧、传记、游记、日记，以至散文诗词，都别有天地，别有日月星辰，而且还有生存其间的人物""这里可得到丰富的经历，可认识各时各地、多种多样的人。

经常在书里'串门儿'，至少也可以脱去几分愚昧，多长

几个心眼儿吧？"

从杨绛先生的这个比喻来看，读书可谓是大有意义的事，而显然这个意义也源自书本身的意义，越是有意义的书越能给你带来更多人生的意义。

不过很多爸爸提到读书这件事时会说："我哪有时间读书？也就在学校能安心读一读。现在离开学校这么久了，每天工作、出差，连坐下来的时间都没有，怎么读？哪有心思读？就更别提读有意义的书了。"

但话不是这样说的，因为你人生意义上真正的读书，其实恰恰是从离开校门之后才开始的。因为身处校园之中，你接触到的更多的书是课本，就算有心想要去看课本以外的书，也不过是出于兴趣而看，很多时候并不足以从书中领会更多的深意。而当你走出校园，开始在社会上打拼，开始见识更多的人情世故，感受更多的人情冷暖，经历更多的挫折困难时，你再去读书，对很多内容就会有更深刻的理解。

倒不如说，恰恰是因为你已经离开了校园，所以你才更需要读更多的书，这时候你读的很多书的内容，是会对你产生一定的积极引导和开解意义的。

这时你读的书，其内容可以更贴近你的现实，你的生活、工作、兴趣、思想都可以成为你读书内容可选择的方向。确切地说，只要你能翻看书，那些或优美的、或深邃的、或有趣的文字都会给你带来不一样的感悟。因为你现有的阅历已经帮你打开了思路，所以，

此时的阅读对你来说不只是学习，也可以是沉淀。这时你读过的文字就不再是如学生时期那样需要你去记忆以备考试的内容了，而是帮你更好地感受生活、理解工作、体验人生的辅助性工具。

多读一些好书，去感受书中带给你的不同的内容，通过这些文字来让你对过去的生活进行总结，对现在的生活进行解读，对未来的生活进行预判，同时，也能让你在不断阅读的过程中去对自己的人生有更多全新的、深刻的感悟。

不过，不太建议你因为"兴趣"而去频繁翻看八卦娱乐杂志，否则很容易引起孩子的"八卦之心"，在不需要他好奇的地方过分好奇。

另外，建议你翻看一些心理学、教育学方面的书，就单说教育这件事，它本身就要求走进孩子内心，我们就应该尽可能了解不同年龄段、不同性别、不同性格的孩子内心的想法可能是怎样的，了解在面对不同情况时，人的内心可能会有怎样的波动，而心理学、教育学书籍，就可能给我们提供相对比较科学的答案和指导，这也有助于我们更好地与孩子相处。

最后，理智看待电子书。

有人会说："我们还是可以不用放下手机，因为在手机上也可以看书。那么多阅读 APP，那么多电子书，而且还可以听书，这不是比翻书阅读更方便吗？"那么电子阅读可行吗？这其实取决于我们自己，电子阅读可能存在的问题是阅读美感不足，还有就是长期看电子屏幕可能带来的眼睛疲劳问题。

所以，要想更好地体验电子阅读，一是要购买主流阅读器和正版电子书，安排合适的阅读时间，给眼睛以足够的休息时间，最后也是最重要的，就是我们要更关注书的内容。看完后也可以跟孩子交流一下，比如可以告诉孩子："我看了一本很好的书，里面讲了……我觉得你也可以看一看，我想给你买本纸质的，有空你就读一读。"也就是说，我们要把电子书与实体书所传递的内容价值等同看待，好的内容也要向孩子推介，但尽量要给孩子买实体书，让他养成实际翻书阅读的好习惯。

看电子书还要注意它的时效。有人看一本电子书好久都看不完，会因工作或其他琐事而忘记看书这回事，这就需要不断提醒自己，或者定个读书闹钟，到时间就打开软件去阅读。

还有的人会选择"听书"，虽然听的过程中因为音调、语气的变化会让我们更容易沉浸到内容之中去，且听书也可以与做其他事情同步进行，更节省时间，但听书也有一定的短板，比如有研究表明，阅读时，人的眼球会有回视运动，可以重新回去检查已经读过的文字，构建连贯的文本，而文本也可以提供视觉上的标题线索，帮助我们的大脑组织和理解新的信息。但听书却做不到这一点，我们很难返回去检查自己的理解是否正确。

所以还是建议你去多翻一翻书，有深意的封面封底、白纸黑字的厚重内容、可以动笔留下自己批注的笔迹，把一本书从头到尾看完，合上书的那一刻，书中的内容就会随着墨香也进入我们的大脑，这些都是实体书才能带给我们的感受。不论是买书来看，还是去图书馆借阅，我们最好不要放弃实体书带来的乐趣。

总之，放下手机，开始读书，这理应成为我们未来生活的一种趋势，要让自己做个真正的"读书人"，而不是只读过"课本"，做过"练习册"，看过各类"参考文献"的"读书人"。一个人真正的读书生涯，可能是从大学毕业开始的，或者说从你意识到读书重要性之时开始的。书读得越多，你的思想就越灵活、成熟，就能更理性地支配手机，而不是被手机里不需要动脑子的种种娱乐所支配。我们要做能支配自我的人，那孩子也会跟着我们学会做能够支配自我的人，大家赶紧行动起来吧！

做一个"有一定高度"的爸爸

有这样一段小视频：

一位爸爸把自己打扮成铁甲超人的样子去幼儿园接孩子放学，一路上其他家长不断向他投来好奇、异样的眼光，走到幼儿园门口，还因为他的全副武装差点被保安重点防控。

这位爸爸自己都觉得有点不好意思了，直说"我不尴尬，尴尬的就是别人"，而当他的儿子被老师领出来时，一眼就看到了他，儿子用几乎全幼儿园都能听见的声音喊道："那是我爸爸，我爸爸好帅！"儿子一边喊一边狂奔过来，扑进爸爸的怀里。

不管是爸爸提前答应了孩子，还是为了满足孩子曾经提到的向往，他都带着爱与保护孩子美好梦想的心情来做了这件事，在儿子看见这个铁甲超人的那一刻，他眼中的爸爸真的就是全世界最帅、最威风、最厉害的人。

先不说这位爸爸做的事是否值得肯定，由这件小事其实是想告诉每一位爸爸，对孩子来说，有时候我们所想所做的很多事，都会给他留下很深刻的印象，并对他日后的成长带来长远的影响。作为爸爸，我们不妨也在这方面多努力，争取成为孩子心目中"天花板"一样的存在，要能站得高、看得远，要真的成为孩子可崇拜、模仿、学习的榜样。

简单来说就是，我们应该做一个"有一定高度"的爸爸。

有心理学家曾指出，孩子 12 岁前一般会把爸爸当成自己的偶像。这个阶段的孩子会把爸爸当成智慧和力量的象征，并对爸爸产生一种强烈的崇拜之情，他会下意识地去模仿爸爸的行为方式。在心智成熟之后，会努力去抵达或者超越爸爸的高度。

有一句话是这样说的："你站在 20 楼往下看，看到的都是风景；你站在 2 楼往下看，看到的可能都是该清理的杂物。"你的人生到底是美满幸福还是一地鸡毛，就取决于你到底站得有多高。而爸爸的高度又将决定孩子的高度，也将给孩子的发展带去更多的"一切皆有可能"。那么，所谓的"高度"到底指的是什么呢？

第一，人生眼界高。

父母有多高的眼界，对孩子就能有多高层次的引导。比如同样是让孩子读书，有的爸爸眼中所见就是"好好读书，将来才能好好工作"，而有的爸爸眼中所见则是"知识就是改变个人与国家未来的力量"。前一位爸爸的孩子将来可能的确能挣大钱，但后一位爸爸的孩子将来可能就不只是有份好工作的问题，而是能为国家、社会做出更大的贡献。

所以有时候，我们不能只是抱怨孩子怎么就是不听话、就是不能认真学习，而是应该想想我们对他的引导是不是也能打开他的眼界，让他意识到自己如果不这样做就不可能达到一定的高度，从而产生主动向前的动力。

第二，前途志向高。

不知道大家有没有注意过这样一种现象，就是当父母有很高的志向、理想时，他的子女多半也会有跟父母一样或类似的志向。

举两个很有代表性的例子，爸爸如果是军人，那么他的子女多半也会和爸爸一样立志保家卫国，于是可以看到很多军人之家、一家几代都是军人这种情况；爸爸如果是警察，他的子女以此为志向的概率也会非常高，就像新闻中我们经常看到，警察爸爸因公牺牲之后，其子女有的也会通过自身努力成为警察，甚至会继承爸爸的警号。我们可以把这称为传承，也可以说这是父母崇高的志向深深影响了孩子。

有一部电影叫《当幸福来敲门》，讲述了一位濒临破产、老婆离家的落魄业务员，如何刻苦耐劳，尽单亲责任，奋发向上成为股市交易员，最后成为知名的金融投资家的励志故事。男主角说："他们全都看起来超幸福的样子，为什么我不能也满脸幸福？"他还对儿子说："那些一事无成的人想告诉你，你也成不了大器，如果你有理想的话，就要努力去实现，就这样。"

爸爸自己期待幸福，所以他以为了让自己幸福为志向，并不断努力去实现。而他也站在自己所能看见的高度给了儿子最好的忠告，带着儿子一起向幸福不断奔跑，那么不论儿子日后做什么，相信父亲为了志向努力的样子将会成为他不断模仿和珍藏的画面。

所以，我们对自己人生的规划，自己所想要实现的志向，也会让孩子看到一个人的未来到底应该怎么走。

第三，父爱质量高。

得到了被爱的满足，才会愿意给出爱，并能懂得如何给出爱。这又是另一个角度的"给水"理论，我们给孩子以高质量的爱，那么他自然也会知道以爱来回报我们、回报他人、回报社会。相比较于无处不在的母爱，高质量的父爱也会给孩子带去不一样的影响。

高质量的父爱，不是无限纵容，不是补偿心理，而是给孩子足够的陪伴，如果能一直陪伴在他身边再好不过，即便不在他身边，也要通过各种方式让他时刻感受到爸爸的存在。

知道了爸爸的高度到底是什么，接下来我们就要让孩子也向着这个高度进发。

首先，你要善于引导孩子去接纳"高度"。

想象一个场景，我们站在山脚下对孩子说："你往上爬得越高，你能看见的风景就越多越好。"那孩子可能立刻就会问了："爸爸你见过吗?"如果你说："我没见过，但应该很美。"这样的回答在孩子这里可信度并不高。但如果你说："我曾经爬上去过，上面所见的确很美。"那孩子估计也会跃跃欲试。当然如果你说："我虽然没上去过，但有人曾经描述过它的美，我建议你上去看看，去亲自验证到底美不美。"那孩子应该也会因为好奇而愿意去尝试。

也就是说，你的高度其实从你开口那一刻就已经在建立了，有些事如果你自己已经做过，那么再建议孩子时你将会很有说服力；有些事尽管你没做过，但你给孩子的建议是诚恳的、是能吸引他关注的，那么他也会乐于接纳。

其次，向孩子真实展示你的高度。

说自己有一定高度，不能是"说大话"，而是要让孩子真正看到你的高度。比如，你可以给孩子讲讲自己在遇到不同事情时是怎么想的、怎么做的，最终取得了怎样的结果。在让孩子了解你的同时，他也将感受到你的高度。或者当与孩子在一起时，遇到了一件事，可以让他看看你是如何看待这件事的，以及你对这件事有什么处理方法，对于结果你们也可以一起讨论。

在这个过程中我们要诚实，这种诚实其实也是你个人高度的一种体现。也就是你把事情办成功了，那就展现你的成功，让孩子从你身上学到经验；如果你的确失败了，或者说犯了一些错误，也可以给孩子讲讲你的问题，这既能让你对自己有更清醒的认知，也能让孩子从你这里学到教训。

最后，不要强迫孩子必须达到或超过你的高度。

有的爸爸觉得"我是什么样的人，我孩子就一定要是什么样的人，甚至还要超过我"，于是就总是对孩子有过分严格或过分高的要求，一旦孩子没法达到自己的标准，爸爸就会表现得很不满意。

这其实完全没必要，孩子的成长要一步一步地来，他的人生如何发展主要也取决于他自己的努力，我们只能是起辅助作用。我们可以不断进行引导，但到底孩子能从中吸收多少、成长多少，这全部取决于他自己，靠训斥说教并不能实现我们的目的。

所以，与其给孩子留下一个"我爸爸很厉害，但我不喜欢亲近他"的印象，还不如让我们成为一个他可崇拜却又可靠近的对象，积极引导而不强迫他，用爱来感染他，让他能自愿地向我们学习，主动把我们当成他奋斗的一个目标。

爸爸需要自我生发与成长

孩子出生，我们自动"升格"为父亲，很多人在当时会被兴奋占据头脑，"我当爸爸了"这句话可能会被他们通过电话通知给很多人，或者通过朋友圈"晒"给很多人。

但显然你不可能一直沉浸在这种兴奋之中，孩子并不是你炫耀的工具，恰恰相反，从见到他的第一面开始，你身上就已经被加上了一份名为"父亲"的责任，你理应好好爱他，认真教育他，努力培养他，以最终实现你人生的另一个成功。

然而现实中很多父亲的热情似乎就真的只停留在了"我当爸爸了"那一刻，之后或是把责任全推给妈妈，或是请老人来看孩子，总之就是自己根本发挥不了什么作用。

一位网友在网上求助，提到了他父亲的事情：

> 这位网友已经三十多岁了，但却有一个什么都不管的父亲，家里的大小事就好像跟他一点关系都没有。从小到大，这位网友就看着父亲仿佛游离在家庭之外，家里的日常家务活没见他做过，灯坏了、热水器坏了，也全都是妈妈在忙活，爸爸连一声都不吭。后来网友长大了，看到家里有事也会招呼爸爸，可是爸爸要么是当作没听见，要么是马上反驳几句，总之就是什么都不管，网友觉得这样的父亲让他感觉生活好累。
>
> 网友说，爸爸是被奶奶宠着长大的，但他已经结了婚也做了爸爸，奶奶也去世好多年了，可爸爸依然是原来那个被宠着什么都不用做的孩子，遇到事情连手都不愿意抬一下，他很想知道自己到底该怎么办。

这样的爸爸其实就是完全没有成长，更没有注意到自己的责任，以至于连孩子都发现了他的不负责，这样的爸爸无疑是失败的。显然，这样一直毫无长进的爸爸让孩子也没有好印象，否则孩子不会从小到大一直都处在不满之中。像这样的爸爸，就算想起来去教育孩子，孩子也会因为父亲的毫无作为而不尊重他，更会因为缺少父爱而对他没有了仰望。更严重的是，这样的爸爸更容易养出和他一样一无是处的孩子或者处处"坑爹"的孩子。

所以，我们对"父亲"这个身份要有一定的敬畏心，你要尊重这个身份，要能意识到它所肩负的责任有多么重要，这样我们才有资格去履行自己的责任。而当你开始努力去成为父亲或者说去做父亲时，你就会发现，自己其实不过也是个"新生儿"。

这是因为在成为爸爸之前，我们完全没有固定教材可以当作学习的参考，更没有机会去练习。你也许能从自己的父亲那里获得一些感受，但当你亲自将这种感受带给你的孩子时，你就会发现自己好像总在一些地方做得不到位或者干脆就做错了；哪怕你模仿自己的父亲，或者模仿一些你看到的好榜样，但也可能收效甚微。因为你的孩子是这世上独一无二的，所以要怎么教育他、他可能会产生怎样的感受、他又能收获什么，你要自己去摸索。这也就是说，想要成为令孩子信服、满意、依赖的好爸爸，你需要自我生发与成长。

生发，意思就是滋生、发展，把这个定义放到教育孩子上来看，我们首先是要主动去产生"我要做个好爸爸"这样的心思的。

之所以要提到这一点，是因为从我们日常生活中的观察来看，毫不夸张地说，大部分女性从成家的那一刻就在为拉动整个家庭发展、在为全家上下老小考虑了，很多结婚前在家里也是被宠成公主的女性，一旦有了自己的小家，她就会努力为全家人奉献；但相对应地，有些男性即便结了婚，依然大部分时间都活在自己的世界里，甚至意识不到要为家人、为孩子多多考虑。

曾经有一位脱口秀演员说过这样一段内容：他的妈妈离婚了，他问妈妈感觉怎么样，妈妈说自己终于不用"既当爹又当妈"（意思是，既要给孩子当爹，又要给老公当妈）了。这种说法似乎极为讽刺，有些人可能会觉得这太绝对了，甚至觉得这是对男性的贬低。但先不说别人，不妨来想想自己：

我在家的时候做了哪些事？

我回家之后眼里能看到多少活儿？

我是不是一直只抱怨自己很累？

我是不是总希望孩子的妈妈能体谅并照顾好我？

我是不是经常性以工作为理由离家，哪怕不是很必要也会去出差？

我出差的时候有惦记过家里孩子的作业吗？

我能为孩子和妻子推掉应酬吗？

我能放下自己的爱好去陪伴妻子和孩子吗？

对于这些问题，妈妈们的答案基本都能明确且毫不犹豫，很多妈妈在成了家尤其是有了孩子之后，她大部分的时间就已经不再属于她自己了，她牺牲了很多我们所意想不到的东西，只为能让这个家庭的生活更舒适。

那么各位，你能理直气壮地回答这些问题吗？如果不能，还是先让自己做到主动"生发"吧！

对于我们自己来说，是要努力让自己成长，而对于家庭来说，就是我们要能滋生出"我成家了，我成了一位爸爸，我要做妻子和孩子心中的依靠，我要让她们能感受到幸福和快乐"这样的意识，如此一来，你的思想才可能指导你的行为，你才可能会把家庭、妻子、孩子的事情放在心里，并为之考虑得更周全。

人生最重要的事就是成长，拥有了"爸爸"这个身份，你的成长必然会与孩子紧密相连，前面说"把孩子的'利益'放心上"，就是你到底应该在哪方面有所成长，要成长成怎样的程度，要实现怎样的效果，这些的评判标准全在孩子那里。

举个简单的例子，教育孩子勇敢，就要看孩子本身是胆大还是胆小，他在哪些事情上很大胆，又在哪些事情上很胆怯，他需要的勇敢到底是怎样的一种勇敢，弄清楚这些问题，你再结合自己对勇敢的定义，才可能给孩子最合适的教育，让他彻底明白什么是勇敢、应该怎么去表现勇敢。

否则，你如果只按照书里说的或者自己理解的就去要求孩子勇敢，比如说你认为勇敢就是"勇往直前"，那你以这个标准直接要求孩子的话，胆子本来就很大的孩子可能会变成"无所畏惧"，他也许会闯更多的祸，甚至会以身试险；而胆子小的孩子可能会因此形成心理负担，被强迫去做许多事，变得更加不敢向前。

所以你要想成长，第一步应该先了解孩子，然后根据他的需求与妈妈商量应该用怎样的方式才能更好地展开教育。

第二步是要了解自己，看看自己擅长什么。比如有耐心、知识渊博、有很多可玩的点子、有很强的动手能力、有广博的见识等，这些是你教育孩子的"资本"。"资本"越雄厚，你教育的展开越得心应手。如此一来你就可以在不断教育孩子的过程中完成自己的"资本"积累。

为什么说要在教育孩子的过程中去完成资本积累呢？孩子的成长速度快且需求大，他成长到哪一步、需要什么，你就要立刻开始检验自身，实现教育上的"有则发挥，无则补之"，你也许有准备，但孩子的变化有时候也在瞬息之间，你需要根据他的变化来更快地调整教育内容。这就要求我们还要具备敏锐的观察力和思考能力，观察孩子的种种表现，看他的待人处事，看他遇到的种种困难，然后根据他的需要来进行思考，看看自己应该如何给他更多的帮助和引导。

这个过程并不容易，因为我们要兼顾职场、家庭，不仅要与同事、朋友友好相处，更要努力实现家庭和睦，可以说我们在教育方面的成长，其实都是在与其他事情同步进行。所以我们也需要建立良好的心态，做好攻坚克难的准备，迎难而上。

不过，也许正因为这种"一心多用"的情况，我们的成长可能也不会很顺利，因为孩子出现的问题真的是千奇百怪，有的可能是孩子的通病，有的可能是独属于自己孩子的问题。这时孩子的妈妈可能会很着急，这就更需要我们体现自身格局了，要看得远一点，耐下心来，既要安抚孩子的妈妈，也要和她进行积极的沟通，一起想办法。同时我们也要及时总结自己在教育上犯的错误，有不足就要赶紧去学习，找到问题的根源，争取尽早解决。

做好爸爸急不得，你要付出的还有很多。而你的付出和你的回报将会成正比，举个最简单的例子，如果你发现孩子和你并没有那么亲近，其很大一部分原因就是你没有给孩子创造亲密感的机会，也就是你付出不够，那你得到的自然就少。

　　与孩子相处也等同于照镜子，你怎么做，他怎么做；你对他付出了什么，他就会回报你什么。所以，父母都要跟着孩子一起成长，而且还要争取有更快的成长，这样不只是孩子的教育能跟得上，在全家人一起努力成长的氛围之下，你的整个家庭也将迎来更美好的未来。

营造好的家风并传承下去

　　家风，又称门风，是一个家庭或家族世代相传的风尚、生活作风，也就是一个家庭中的风气。一个家族世世代代沿袭下来的家风，不仅体现了家族的整体气质，也体现出家族成员的精神风貌、道德品质、审美格调。它既能在思想道德上约束家庭成员，同时也能促使家庭成员在一种良好的氛围中不断成长，不仅对家族发展起到重要作用，往大的方面说，对社会发展也会产生一定影响。

　　不妨来想想那些我们所熟知的好家风的代表：孔子后人一直恪守诗礼传家、孝悌忠信的祖训，使修身齐家、修己达人、为政以德的家风代代相传；江南钱氏族人始终践行着"利在一身勿谋也，利在天下者必谋之"的训言，其传承千年的《钱氏家训》影响深远；明末清初教育家朱柏庐作《朱子治家格言》，阐述了读书明理、立志报国、成圣贤的家风；晚清重臣曾国藩，家风包括书、勤、和、俭、敬、省、恕、健的内容……

　　而在新时代，又有以"孝"传家，以"忠"立家、以"廉"齐家、以"俭"持家等家风，还有红色家风、诗书家风、耕读家风等。

从这个角度来说，身为父母，我们身上背负着非常重要的责任，那就是要把自己的家"立"起来，正所谓"其身正，不令而行；其身不正，虽令不从"，良好的家风其实也是教育的一个重要组成部分。

有这样一段父子之间的对话：

有个孩子拿着考试卷回家，爸爸问："考了多少分？"

孩子说："考得不太好。"

爸爸很生气，于是就说："人家隔壁小明能考 100 分，你为什么不能考 100 分？"

结果，孩子也不甘示弱，立即反驳道："人家小明的爸爸是教授，你为什么不是教授？"

爸爸当即无话可说。

这位爸爸本想告诉孩子"别人能做到的，你应该也能做到"，可孩子眼中的他却是"你自己都没做到，凭什么要我做到"，或者换种说法"你做不到，所以我也做不到"，用一个词来解释就是"上行下效"，这也可称得上是"家风"的传承。

所以，从现在开始，跟孩子一起成长吧，要走在孩子的前面，这样，你在前面带路，孩子自然会随后跟着，而且是发自内心的、没有任何"强迫"，因为他看到了一个好的榜样，向榜样学习是一种天性。

你应该时刻想到，孩子会向你学习，如果你不能主动营造一个良好的成长环境，家中缺少良好的家风，那么孩子所传承的就可能是你的缺点、问题、错误。

我们的家有时候就像是一台大型的复印机，父母就是某种意义上的原件，我们赋予孩子生命的同时，也就同步开启了"家庭复制模式"。孩子会在成长过程中不断"复印"我们整个原件，于是要不了多久，你就会发现家里有一个缩小版的"你"，你表现好的地方他可能会"复印"过去，而你表现差的地方他也照搬不误。

我们总会在各种场合听到这样的说法："有问题的孩子背后必定有有问题的家长。"说的就是当身为父母的我们表现不好、对孩子没有起到最起码的引导和教育作用时，我们糟糕的表现也将会被孩子"复制"，孩子什么样，基本就能知道父母什么样了。

有人可能不服气，觉得孩子又不只是被圈在家里，他也会接触很多人，比如说上学，他就会接触到一个范围更广阔的"小社会"，他就不能是受外部环境的影响吗？

我们说一个孩子有很多问题，往往都会提及"家教""父母"，不否认不同的环境的确会给孩子带去不同的影响，但父母作为他最亲近的人，对他的影响将会是最深的。所以，不要把孩子表现不好、有很多问题的原因仅仅归结于其他，我们应该先从自身找原因，看看有没有给他创造一个更适合成长的环境，有没有营造一个好的家风。

那么在营造好家风这方面，我们应该怎么做呢？

首先，把从父母那里继承的好家风延续下来。

我们的家风到底应该是一个怎样的基调？不妨先回头看看自己的父母，看看我们自身的各种表现，看看从他们身上我们都继承了什么，哪些方面是好的，或者说是为大众所能接受甚至是称道的，哪些方面又是有问题的，比如是不是也学会了争吵，学会了吼叫，学会了频繁散发负面情绪。

我们要客观看待，好的方面自然是要继续发扬，而且还可以随着时代的变化而有更好的发展；如果的确有问题，那在营造我们自己家庭的家风时，就要尽量避免这些问题再延续。如果说要把好的方面保持下来需要好习惯的坚持，那么，要调整有问题的习惯就需要我们付出更大的努力。

这一步是我们对自己已经拥有的家风的基础性内容进行一个总结，也就是我们对自己的父母辈的家风的传承。

其次，看看自己在离开父母之后又有哪些新变化。

我们继承自父母那里的各种良好的表现可能会帮助我们更好地踏足社会，他们的经验对我们能起到一定的辅助作用，但说到底，我们要怎么在社会上立足，怎么建立自己的美好家庭，需要我们自身的努力。

我们离开父母之后就会有很多变化，有些变化是我们因为奋斗而得到的经验总结，有些变化是接触到新环境之后受到的影响所致，还有一些变化是我们碰壁后得出的教训所致。当我们结婚成家之后，还会有一些变化出现，因为我们的另一半又将带来她的原生家庭传承下来的家风，以及她自身的种种继承与变化，双方只有融洽融合，才能让我们的小家庭发展更加稳固。

对于自己的新变化，我们也可以好好总结一下，其实要看这变化好不好，看看我们新组建的家庭发展如何就知道了。有的家庭是

"好上加好"，好习惯迅速影响两个人，家庭发展蒸蒸日上；但有的家庭则是"近墨者黑"，好的习惯被丢弃了，不好的习惯反倒传染给了对方，有时候我们会说"不是一家人不进一家门"，这话的另一种理解就是我们很容易被家庭成员"同化"，而我们却并不自知。

那么，我们可以借助朋友、上司、同事、邻居等他人对我们的评价，来确定自己在哪些方面表现得如何，然后留下好的，摒弃有问题的，让我们的家庭得到积极健康的发展。

再次，根据孩子的特点为他增添合适的家风元素。

如果说从我们父母那里继承、对我们自己进行总结，可以被看成是良好家风的厚重的基础，那么针对孩子特点来继续营造更合适的家风元素，应该是我们对家风的一项重点建设工程了。

孩子是怎样的性格？有怎样的表现？好与坏的表现各是什么？我们想要将孩子培养成一个怎样的人？要把什么好的影响带给他？要纠正他哪些错误认知或错误行为？要肯定并帮助他巩固哪些对他来说很有用的行为或习惯？要对他进行怎样的引导？

尽量保证这些问题都是贴近孩子自身特点的，这要求我们也要客观看待他，并依据正确的做人原则来判断将怎样的家风元素加进来。

这个营造过程没有期限，就如我们自己还在不断变化、成长一样，孩子的成长也会很漫长。这个过程不可能一下子就见成效，我们需要有足够的耐心，前提还是要先保证自己，也就是我们这个"原件"不出问题，保证我们的家风根基没有问题，然后再去让孩子"复印"。

最后，不要把问题原因都归结到孩子妈妈身上。

有的爸爸经常不在家，于是当孩子出问题时，他就会很自然地把这问题出现的原因都归结到孩子妈妈身上，认为是妈妈没有悉心教育，是妈妈放纵、溺爱，是妈妈没有好好引导，这样的态度是最不可取的。我们并不是这个家庭的旁观者，这种对妈妈的无端指责对家庭的和睦发展没有好处，你的态度也会让孩子从你身上学到遇事先找他人责任的坏习惯。

实际上最应该反省的是我们自己，作为爸爸，我为这个家做了多少？我为孩子做了多少？孩子现在出问题了，那么我在其中有什么责任？我少做了什么？做错了什么？这些才是正确的思考方向，毕竟家风的营造并不只是妈妈一个人的责任。

面对孩子的问题，我们理应和妈妈一起积极探讨，找到问题根源，想合适的办法去解决，有条件时就积极改正自身的错误，争取尽早改正问题。这样，我们展现在孩子面前的就是一个有担当的形象，也是一个敢于承认错误的真诚形象，同时也是一个关爱妻子、孩子的好男人形象。而在这个探讨过程中，我们的家风其实也在变得更丰厚、更好，这意味着敢于承担责任、能与人团结合作的好家风也会开始在家中扎根。

第七堂课

将父亲的力量传递给孩子

如果说母亲传给孩子温情，那么父亲就应该向孩子多传递力量。孩子一路成长需要获得充足的力量，这些来自父母的力量会帮助孩子将他的人生之路越走越正，而他也将通过这些力量去培养属于自己的力量，并将自己所获得的所有力量继续传承下去。

给孩子做孝亲尊师的榜样

我在各地讲课时，经常会问在场的老师和家长一个问题："你们以前见过'孝亲尊师'这四个字吗？"遗憾的是，好多家长和一些老师都表示"没见过"。而实际上，在《中小学生守则（2015年修订）》的第五条中，这四个字写得清清楚楚："孝亲尊师善待人。孝父母敬师长，爱集体助同学，虚心接受批评，学会合作共处。"每当我指出这四个字的所在时，现场听课的很多人都很惊讶。

所谓"孝亲尊师"，简单来说就是孝敬父母、尊敬师长，这可以说是做人的根本；至于说"善待人"就更好理解了，就是要友善对待所有人，与他人和睦相处，正所谓"与人为善，与己为善"。

有人可能会问了："既然出现在《中小学生守则》里，这难道不是学校老师对学生的要求吗？难道不应该是学校要操心的事吗？"

首先，《中小学生守则》是中小学生要遵守的行为规范，这种规范起到的是规范孩子自身的作用，是要让他养成良好习惯，不论何时何地都能有良好表现。所以，它的要求并没有范围限制，显然孩子并不是只在学校遵守这些规则，出了学校就可以不遵守了。

其次，不能把所有教育责任都丢给学校，扔给老师，父母的教育和老师的教育必须要"双管齐下"，才能有所成效。也就是在教育孩子这方面，一定是亲师配合、家校协作才行。进一步来说，就是老师要教孩子孝亲，父母要教孩子尊师，当然父母自己也要带头尊师，尊自己的师，尊孩子的师。

最后，孝亲尊师是要表现在行为上的。学校的老师给孩子们讲通道理，但行为上的表现更多的则需要作为家人的我们来给孩子亲身示范，如果我们自己能做到孝亲尊师的话，那么孩子自然也会跟着我们有样学样。

所以，不能简单地将"孝亲尊师善待人"只归类为孩子在学校要遵守的行为规范，而是要把它看成是孩子要通过不断学习最终形成的做人原则，是他必然要具备的做人基础，并以此来检视、约束自我。我们要通过讲道理和榜样示范的双重作用，来帮助孩子真正成长为一个能"孝亲尊师善待人"的人。

先说孝亲。

孝亲是做人的根本所在，也是教育的根本。2500 多年前，孔子就曾指出，"夫孝，德之本也，教之所由生也"，意思是，孝道是德行的根本，也是教育的生发点，没有教"孝"的教育是不完整的。这一点从"教"这个字本身也能看出来，教 = 孝 + 文，先教"孝"（代表德），再教"文"（代表才），使孩子德才兼备，才是正确的教育之道。

一个人能否顺利在社会立足，与孝亲有着很大的关系，人只有能做到孝亲，才可能做到善待他人，他为人处世才更容易成功。

但我们很多时候自以为的"孝"，可能并不能让长辈感到贴心。真正对父母的孝应该是落实在行动上，要做到以下几点：一是小孝养身，关怀、照顾父母；二是中孝养心，关注他们的心情，多聊天多沟通；三是大孝养志，立身行道，扬名后世，彰显父母的志向与恩德；四是至孝养慧，让父母晚年幸福无烦恼。总之，就是要让父母能感受到自己被关注、呵护，感受到你对他们的敬与爱，对你所从事的事业感到放心、安心。

所以，我们如果是要给孩子做孝亲榜样，显然不能只让他看到我们给父母钱、买东西这么简单，也要多一些其他的实际行动。

比如长辈没在身边，那就经常带着孩子一起给长辈打打电话或视频，问一些生活中的小事，听长辈讲讲家长里短，耐心接受长辈的嘱咐、建议，然后让孩子多与长辈交流，以增进与长辈之间的联系。

不过，有的孩子可能会有小情绪，他会觉得自己"没话讲"，你越是强迫他，他就越有情绪，闹到最后总是不欢而散。对于这种情况，我们也不要强迫他，我们自己要搞清楚，为什么要打这个电话？是因为我们想要和老人有联系，是因为我们想要知道老人的近况以及让老人知道我们的近况，孩子要不要过来说话，并不总是必须的。而且，有的孩子还小，可能也常年见不到老人，在认知上难免有点陌生感，所以，我们应该客观看待这件事，不能让孩子把"给爷爷奶奶或者姥姥姥爷打电话"当成任务一样去完成。

我们自然地去孝敬长辈，该怎么表现就怎么表现，孩子也会把我们的表现看在眼里、记在心上，不必要每次都喊他过来说两句，等他自己愿意多说的时候，他必然会自己去说。

平时我们也要多和孩子讲讲爷爷奶奶、姥姥姥爷，让他对家里的老人们熟悉起来，每次打电话的时候我们也可以多夸夸孩子，多肯定孩子的好表现，被夸奖时，他会更乐于自己去向老人们表现。比如，你对着老人夸奖孩子在今天的小测验中得了高分，那么孩子听见了多半会跑过来说"我今天的测验如何，班里其他同学如何，老师如何"，这样一来沟通就很容易建立起来了。

如果我们和老人住在一起，那就不要把照顾老人的所有活儿都丢给孩子的妈妈，我们也要尽量多抽时间陪陪老人、照顾老人。

再有，如果自家的孩子是男孩，那么我们怎么对待自己的父母，怎么对待岳父岳母，这对男孩未来的孝亲将会产生非常重要的影响作用。

孝亲需要智慧，而不是我们一厢情愿地想当然，否则可能就会好心办坏事。我们只有以真诚、恭敬之心孝敬父母，凡事做得细致些，才能给孩子做最好的榜样。

说完孝亲，接着说说尊师。

孩子是如何看待老师的，很大程度上也取决于父母的态度。

前不久，有个朋友给我讲了这样一件事：

孩子幼儿园同班一个小女孩的妈妈有一天接到了老师的电话，老师委婉地提醒她，说孩子在老师讲话的时候有些不太礼貌。妈妈很惊讶，老师说："我上午给孩子们讲了一个故事，结果你的孩子就一直在下面大声说'你说得不对''我妈妈不是这样说的'。"这位妈妈当时只能向老师表达歉意。

后来，我在一次接孩子的时候，遇到了这个小女孩的爸爸，他也提起了这件事，但他却说："我不觉得孩子有什么错，我小时候在课堂上也是这样的，老师说错了我就直接说。所以，我女儿挺敢说的。我赞成！老师也的确有错啊，怎么就不能说了？可以说啊！完全没有问题。"

你看，爸爸对老师是什么态度，孩子是不是"完美"复刻了这个态度？老师对于孩子来说其实是一个很特殊的存在，很多孩子可能不会听父母的话，但却很听老师的话；有些事父母不一定知道，但老师可能知道。

对于这样一个特殊的存在，我们不能因为自己的某些见解就破坏老师在孩子心中的形象，毕竟他未来要学知识、学本领，要实现思想上的提升，这些都需要老师的引导。可以说除了父母，老师应该是孩子成长过程中接触时间最长的人。试想一下，如果孩子不懂得尊师，那他又怎么能"亲其师，信其道，受其益"呢？可见，最终受伤害的一定是孩子，而不是老师。

所以，无论是我们还是孩子，都要尊师。

我们首先应该知道孩子都有哪些老师。现在一般学校都会建立家长群，方便老师与家长之间的联系，我们不能只是进群而不关注内容，也要像妈妈们一样，经常性看一看老师在群里的消息，有需要互动的时候积极回应，多了解孩子的老师。

这样一来，其实也会增加我们与孩子的交流互动，比如由我们告诉孩子"老师在群里要求你们做个作业"，这会让他意识到，原来"爸爸也认识老师"，这其实也是在提醒他，爸爸也和妈妈一样，知道老师说了什么，也重视老师说的话，那么他也会对老师更添一份尊敬之心。

再就是要在手机里存一下老师们的电话号码，方便在需要的时候及时联系，或者说有一天老师打电话过来，你会第一时间知道这是谁的电话，而不至于漏接或者应答时还不知道是谁的电话。

平时在家里聊天时，我们若提到老师，也要以尊重的态度来说，不要张口闭口就贬低老师，说老师的不是。

老师也并不完美，但有什么问题我们可以多分析和解决，而不是当着孩子的面去对老师说三道四。如果孩子出现问题，作为爸爸我们也可以主动与老师取得联系，而不只是靠孩子妈妈去和老师沟通，我们可以通过老师了解情况并探讨解决方法。

另外，我们与自己的老师如果还有联系，也可以让孩子知道我们与老师之间的互动。我们对老师的尊敬之情，也会让他受到感染。

最后我们再说善待人。

以孩子喜欢模仿的天性来说，我们对待周围人什么样，他也就会对周围人什么样。就像前面我们对待老师的态度将会影响孩子一样，我们对待陌生人、邻居、朋友、同事的态度，都会让孩子也建立类似甚至相同的态度。

所以，一个会与邻居打招呼的爸爸，一定也会有一个愿意问候邻居"叔叔好"的孩子。其实善待他人也可以被归类为公德，它就是一种公共道德，你在社会上需要与周围人和睦相处，否则你恶劣的态度会让他人退避三舍。比如有的爸爸带着孩子，吃饭的时候对着服务生大呼小叫、任意指责，结果孩子对服务生的态度也很是随便，而一般情况下，周围人对这样的态度都会表现出不赞同。

有的爸爸会错误地认为，现在不能让孩子表现得太良善，不然会被欺负，表现得不好惹一点，就没人敢欺负了。此言差矣。实际上，善待他人就是善待自己，孩子应该学会在社会中与人和谐相处。我们的社会追求和谐，大家实现互利共赢，那么善待他人就是这一切的基础。所以我们在这方面要给孩子做个好榜样，多一些笑脸和问候，多一些"谢谢""再见"；对待陌生人不远不近，不卑不亢，保护自己的同时，也释放自己的善意。我们善待他人，这份善意自会被传递下去，最终也会惠及我们自己。

爸爸一定要做到自强不息

《周易》的第一卦"乾卦"和第二卦"坤卦"组成了"乾坤"一词。乾坤是天地的象征，其中的"乾"代表天，代表阳，同时也代表男性。解释《周易·乾卦》的《象传》说："天行健，君子以自强不息。"意思就是，天道刚强劲健，运行不已，君子要效法天道，自我奋发图强。

那么，放在生活里来看，自强不息是什么意思呢？

2019 年，电视新闻曾经报道过一位"无臂爸爸"王刚。

王刚 13 岁时因为意外失去了双臂，起初他没法接受这个现实，一度过得很消沉。但经历过坎坷后，王刚学会了用双脚来代替双手，不仅实现了生活自理，干家务活也是一把好手，后来还靠着自己的阳光和乐观赢得了一份真爱。

后来，王刚的儿子出生，他一开始不想让村里人知道这件事，生怕孩子因为有他这样一个爸爸而受到人非议。但后来，他的想法变了，他每天背着背带带着儿子出去玩，他希望大家知道，自己这个爸爸是一个不会被困难打倒的男子汉。

虽然没有双臂，但王刚的双脚很灵活。因为岳父受伤，王刚劝说妻子回娘家照顾老人，王刚就自己照顾才10个月大的儿子。他可以料理儿子的一日三餐、给儿子洗澡洗衣服、陪他玩耍。王刚对自己的定位是"没有什么做不到的"，如果别人一天时间做完，他宁可花两天时间也要做到。不仅如此，王刚在儿子面前从来都没有表现出不开心，他想让儿子知道，自己的爸爸永远都是阳光的。王刚说："不论再难，再困难，日子还得过，希望还能过好了。"

王刚想要用自己给儿子做一个榜样，希望他以后能像自己一样，什么时候都不服输，不论遇到什么难事都不要打退堂鼓，只要一直坚持向前就没有什么过不去的坎儿。

王刚这股不服输向前走的劲儿，为人则乐、为父则刚的精神，已经足以令人钦佩。虽然他无法做到拥抱儿子、拥抱妻子，但他却给了家人一个最安全的港湾，也为家人打造了一个充满快乐与希望的家。

　　显然，自强不息从来都不是要我们只顾着往外跑，一门心思搞事业，比如有的男性会说"不整出个名堂来我不回家"，如果这样想的话就太狭隘了。自强不息其实是一种内心的追求，你要敢于承担，就像王刚这位"无臂爸爸"一样，不论面对怎样的情况，都能做到不放弃、不低头、不退缩，能够有智慧地去努力，始终积极阳光地追求理想和目标。

　　显然，这种追求并不只局限于"搞事业"这件事，而是可以应用到很多事上。自强不息应该是从内心深处认定并努力培养进而让自己具备的一种品质，以帮助我们积极应对生活、工作以及教育孩子。

　　从家庭角度来说，我们若想要实现自强不息，就要做到"保家"，要与妻子一起做家庭的守护者，努力维护家庭的平安，有足够的技能来挣钱养家，以宽广的胸怀来让家人安心，以坚实的臂膀来给家人以依靠，有足够的责任心，能做到团结家人，对老人孝敬有加，与妻子相敬如宾，对孩子悉心关爱教育，让全家人都能幸福地生活。这是我们在家庭中应尽的儿子的责任、丈夫的责任和父亲的责任。

　　那么具体来说，我们都可以怎么做呢？

第一，修德养性以完善自我。

　　自强不息，从字面意思来看，就是强大自我而永不止息，这就要求我们要不断完善自我，进而实现自我的不断进步。

　　完善自我是一个漫长的过程，有的人会因为这种漫长而心生退意甚至放弃对自我的完善，但人生本就一眼望不到头，你永远不知道下一站风景会是怎样的，不过当你不断进步，不断向上攀登时，你所见到的风景就永远不同。正如前文所说，你站在 20 楼和 2 楼的风景截然不同，古人讲"会当凌绝顶，一览众山小"，爬上泰山就发现众山小，那些爬上珠穆朗玛峰的人又是一种什么体验？"天宫"中的宇航员看到地球又是什么感受？

男性理应承担更多责任，想要做到这一点就要拥有更多能力，而能力越大，责任也必然会越大，也唯有不断完善自我才能让我们站得更稳，成为稳稳当当的"责任人"。

实际上完善自我需要我们在很多方面努力，比如知识、技能、思想、情感等方面，我们都应该去不断补充与学习，但这些方面都有一个很基础的内容做支撑，我们自身的德性，即道德品性。要实现自我完善，修德养性就是根本。

蒙学经典《三字经》开篇就说"人之初，性本善"，那么显然我们要修的就是这个本性，也就是善。《礼记·中庸》中则讲："君子尊德性而道问学。"意思就是说君子要尊重与生俱有的善性，并经由学习来存养发展善性。

本性是否为"善"，将决定你所有的学习、技能表现、思想发展、情感表达是不是会走正途——所谓正途，就是为社会所接纳的、为众人所推崇的积极向上的道路。

至于说具体怎么做，前面我们已经看到了很多方法，比如阅读、思考、身体力行、为了孩子而积极做榜样等。简单来说就是，完善自我的根本就是要让自己不断向"善"而努力。当你越发向"善"，让自己向"君子"靠拢，那么你的自强不息就是有意义的，也将是有效果的，这个效果不只是在你自己身上显现，更会在你的孩子身上得到体现与传承。

第二，妥善处理自己与家人之间的关系。

强大的自我并不意味着我们就是"独美"，恰恰相反，我们为什么要实现自强不息？不就是为了能通过自己的努力给家庭带来更多幸福吗？不就是为了能通过我们的不断向"善"让家庭也越来越好吗？而且那些真正强大的、了不起的人，一般都有很好的家庭做后盾，也就是一个人的强大是真的可以带动全家也跟着强大起来。

这就是说，妥善处理家庭关系，也是我们自强不息一个很重要的内容。而在"如何做一个好爸爸"的主题讨论中，我们对一些老问题应该再深刻考虑，比如怎么和妻子更好相处？有问题时怎么办？出现分歧时怎么协调？再比如说，我们自己的小家庭和双方父母的家庭之间的关系如何协调？有人说"结婚就是我从我的家庭出来，你从你的家庭出来，然后我和你组成一个新的家庭"，但这并不意味着我们这个新家庭就要和两边的原生家庭彻底没了关系，反而是我们要协调好和两边家庭的关系。处理好自己和岳父岳母的关系，这其实也有助于我们与妻子建立更和谐的关系；再有就是我们与兄弟姐妹，也就是平辈之间要做到和睦相处，做到友爱的同时也能有分寸。

另外还有一层很重要的关系，就是我们的父母与妻子之间的关系，这也是我们要操心的事，而不是单方面要求妻子怎样做。事实上，从三皇五帝时期开始，这就是男人们要做的事情，一个最有名的榜样就是舜帝。

据《史记》开篇的《五帝本纪》记载，尧帝在位 70 年之后想要寻找继承人，大家一致推举了舜，尧帝要对舜进行考验，把自己的女儿嫁给了他，尧帝想借此看到什么？他想要看的正是舜如何治理家庭，通过他对待妻子的态度来观察他的德行。

而舜是怎么做的呢？他"内行弥谨"，在家里表现得更加恭谨，这就使得尧的女儿"不敢以贵骄事舜亲戚"，也就是舜的表现使得高贵的公主不敢凭借出身高贵而表现得傲慢，可以与舜的其他亲戚——当然其中也包括舜的父母和睦相处。舜对自身的约束和对家庭关系的合理处理，才使得他通过了尧帝的考验。

今天也是一样的道理，家庭关系处理好了，你不论做什么都将是内心安稳，你外出不会突然接到"家里又闹矛盾了"的电话，下班不会想躲车里不愿回家，闲暇时会更容易想到"给家人做些好吃的""带家人出去玩一玩"，而不是只想着自己躲清闲，我们的生活也会更加简单快乐。

第三，为更好教育孩子而主动自强。

在所有与家人的关系中，我们能留下最大影响的，正是我们与孩子的关系。所以，我们为什么要做到自强不息？那是因为我们身边时刻有一双眼睛在看着。

孩子对父母的观感是随着他的成长不断变化的。很小的时候，他会觉得"爸爸妈妈无所不能"，尤其对爸爸的崇拜，会觉得"我爸爸是世界上最厉害的人"；但当他慢慢长大，他学到的、懂得的事情多了，他会发现"啊，原来爸爸也有做不到的事情"，他对我们最初的崇拜会逐渐回归现实，如果这个时候我们依旧如初，没有什么长进，那等他自己能做到更多的事情了，他就会发现"原来爸爸还不如我"，那他对你的尊敬之心可能就会有所减弱。

孩子对爸爸的尊重，是建立在爸爸值得他尊重的前提上的。怎么才能让孩子尊重呢？爸爸应该要主动自强，不要等着孩子发现"我爸爸其实什么都不会"的时候，你才想要通过吼叫、打骂来迫使他屈服于你，你要自始至终靠自身的强大来让他仰望，让他始终觉得"我爸爸是个真正了不起的人"。

孩子成长飞速，如果你不主动，那他很快就能追上你并超越你。所以，如果你想要始终能以一个父亲、一个教育者的身份来给孩子积极的影响，那你自身就要不断强大，你想要给孩子带去怎样的正向影响，你就怎么去努力；你想要让孩子成为一个怎样的人，那你自己就先去成为那个人。

第四，做众人眼中堂堂正正、光明磊落的端正男人。

社会是复杂的，有好风气自然也有坏风气，德行支撑我们在其中做出选择，你是要跟风好的还是坏的？

你的道德标准高，那你自然会选择迎难而上，选择真诚友善，选择贡献社会。你是不是一个真正的有德之人，社会是最有效也是最权威的检验场，众人也将是最犀利、最具有评判标准的检验员，你堂堂正正、光明磊落，你安分守己、能力出众，能为众人所称道，那你的人生才问心无愧。如此，还用担心孩子不跟着你好好学吗？

怎样才不会把孩子教"坏"

"人之初，性本善"，在生命的初期，孩子们确实都是"性相近"的，绝大多数孩子最初都是天性善良，但"习相远"，什么是"习"？就是坏习气、毛病，如果不注重"保养"良善的天性，不好好受教，孩子很容易就会学坏，从而被毛病牵着走。久而久之，也就离正途越来越远了。

"习"导致了孩子们之间开始出现差异，有的孩子越教越好，但有的孩子却事与愿违，越教越"坏"。

而说到教"坏"孩子这件事，有的爸爸可能就开始推卸责任了："我工作很忙，教育孩子的可都是他妈妈，学校老师也应该负责。"也有的爸爸又会说："我教了，可他还是学坏了。"但事实真是如此吗？显然不是。你不教，孩子受的教育不够，当然会出问题了；你教错了，培养方向出了问题，孩子当然也会走歪。所以孩子未来到底"习"得如何，显然爸爸也要发挥自己的作用。

那么我们应该让孩子"习"什么呢？曾有这样一篇微博引起了讨论，博主是一位妈妈：

这位妈妈在某次带着自己的女儿买东西的时候，遇到了还剩最后一份的情况，女儿经过思考，想要把最后一份让给比她晚来的一个小哥哥，她认为自己这样做是善良的，会得到妈妈的夸奖。但妈妈没有肯定她的做法，反而很坚定地要女儿拿走了属于她的那最后一份，并告诉她不需要这么善良。

这位妈妈根据当下社会中女孩因善良而受到伤害的实例得出结论，认为女孩同情他人就可能会受到不必要的伤害，需要引起警惕，所以她觉得"我的女儿不需要善良"。

网友们对这件事也有两种不同的看法，有的认为这位妈妈说得对，的确不需要善良；但也有的觉得，善良不可丢。

从教育者的角度来说，如果你很直接地告诉孩子"你不需要善良"，不论你是想保护她，还是想让她懂得保护自己，这些目的都不一定能实现。

因为孩子从这样的教育中只得出一个结论，那就是"善良是错误的，妈妈不允许我善良"。但不可否认的是，善良与孝心、爱心、诚信、担当等品德紧密相连，倘若连人性本善都丢弃，孩子可能就会变得极为自私，只要"我自己满意"就够了。自私恐怕也将是影响她未来为人处世、立足社会的最大障碍，她甚至可能为了满足自己的利益而做出出格的事情，只因为她头脑中根深蒂固的"你不需要善良"，而这就是这一教育所埋下的隐患。

其实不只是妈妈，很多爸爸似乎也这样想，认为"我孩子善良了，那不明摆着就被欺负"，于是爸爸们可能更会教孩子"被欺负了就打回去""对他们不要心软""表现得厉害一点，要让人知道你不好惹"。孩子就一定能从中受益吗？答案显然是否定的。

教育孩子不是说你简单理解什么就是什么，源自你自我认知的所谓的"忠告"，会被孩子当成"金科玉律"，他遵照执行时是不会有任何其他方面的考虑的。比如关于善良，你可能考虑的是"在某些情况下，你不需要善良"，可孩子却会理解成"不论何时，我都不需要善良"。

说到这里，有的爸爸可能又该犯愁了，那到底怎么教，才能教给他我想教的，也能避免他被教"坏"呢？

综上所述，作为父母，我们应该认识这样几件事：一是你不教，孩子不可能好，做爸爸的责任我们绝对不能丢；二是你要教，就要教之有道，教之有方，学会正确选择；三是你教孩子的心要正，上梁正，下梁自然不歪。

接下来我们就具体来分析一下到底该怎么做。

第一，发挥爸爸不可替代的作用。

爸爸的教育与妈妈的教育其实能够实现互补效应，还用孩子被欺负了举例来说：妈妈可能更多地会提醒孩子"你要保护好自己"，也就是要让孩子具备足够的自我保护意识，这显然与女性自我保护的意识有紧密关系，妈妈会希望孩子"内收"，以免受到伤害；而爸爸也就是男性的意识更具有攻击性，爸爸教孩子的时候会鼓励他"外放"，进行适度"反击"，以免让自己受欺负。

你要相信你作为爸爸是一定会有妈妈所不具备的特质的，你的教育很多时候都可能会给孩子带去令你意想不到的效果。

如果你还是不太确定自己能教孩子什么，那就增强自身的学习，去了解一下爸爸在孩子教育中到底发挥了怎样的作用，看看爸爸都能做些什么，尤其是要了解自己的重要性，多看看书，听听课，建立自身的责任感，增强教育的自信心，更积极主动地走近孩子，与妈妈发挥同等重要的教育作用。

第二，在教育上做正确的选择，教孩子正确的东西。

对于一个问题，你需要有自己的分析，但你的分析不能只看到眼前。作为爸爸要好好运用自己的优势，在教育上做出正确的选择。

那么，现在来讨论前面那个"我的女儿不需要善良"的问题。

孩子这个时候需要知道什么？他应该知道善良到底要怎样去表现，也就是我们要提醒他的是，有善良之心是正确的，但要有原则。要教孩子学会分辨是非，学会明辨善恶，要让他在保护好自我的前提下，以一种更为理性的方式去表现善良。这个引导教育并不是一句话就能解决的，这需要我们不断地提醒、示范，不断地引导孩子进行练习，让他把握好表现善良与保护自我之间的分寸，让他成长为一个有原则的善良之人。

这样的引导让孩子不会对善良产生误解，他反而会随着知识、能力、技能、思想的提升，对善良逐渐建立自己的认知，进而慢慢理解为什么善良是要有原则的，以及为什么善良是必需的，并在他不断的练习与实践中，去找到更合适的表现善良的方式，从而实现在利人的同时也能护己。

这个小例子也是在提醒我们，教育孩子的确是一件需要更多思考的事，教孩子学会区分黑白要比直接帮他过滤掉黑色有用得多。在教育方面考虑得越周全、越长远，我们所选择的教育方式、教育方法就越能给孩子带去长久性的帮助。

再说做爸爸的在这个过程中的作用。客观来说，孩子的妈妈会出于天然的母性而更愿意守护孩子，女性的感性思维也会促使她在教孩子时，更多出现"爱大于理"的情况，但这绝对不是错，我们永远不能诋毁妈妈对孩子的爱，只不过这个时候就需要爸爸出面了。男性的理性刚好可以弥补这种欠缺，很多爸爸也的确更愿意教给孩子更多生存技能。我们和孩子妈妈在统一方向、正确原则基础上的通力合作，可以教给孩子正确的成长技能，帮他积累正确的成长经验。

第三，以正气养正心，以正心做正事。

《礼记·大学》中讲："欲修其身者，先正其心。"所谓正心，就是要使人心归向于正，要让自己内心端正无偏邪。简单理解就是，一个人只有内心没有歪门邪道，堂堂正正一身正气，才能实现修身养性，成为一个品行高尚之人。

那么，孩子如果在一个充满正气的环境中成长，他就会慢慢被培养出正心。父母在很多事情上是一个怎样的态度，是否能做到是非分明，或者说父母是不是有正确的三观，都将给孩子带去深刻的影响。

如果我们本身为他创造了充满正气的环境，那么我们就不必太担心孩子会被其他人教坏，因为在这样的环境中成长的孩子更容易产生正心，这种正心就会促使他去找与自己三观类似、气场相合的人，也就是所谓的"物以类聚，人以群分"。

带有正心的孩子，不论做什么都会遵循一定的原则，比如真诚、守信、一丝不苟、坚持到底，那么这些原则在他日后的学习、工作中都将发挥重要的作用，也能帮他获得好成绩、取得一定的成就。

孩子是要靠我们认真养育的，我们要注意自己在家的言行，可以多看看新闻，多了解国家政策，多了解社会风气，看看当下社会弘扬什么、传播什么，又抵制什么、杜绝什么，我们自己也要多思考，在孩子面前要理性发言，帮他建立正确的三观，让他能真正成长为优秀的人。

想要不教"坏"孩子，就要以自身言行为示范，毕竟肥沃的土地终将有好的收获，良种才能出好粮。在教育上，我们理应要做到三思而后行。

建造"大房子"，给孩子正确的引领

《孟子·公孙丑下》中有句名言，叫"得道者多助，失道者寡助"，其中的"道"，指的就是正义。在伦理学中，正义通常就是指人们按照一定道德标准所应当做的事。

那这句名言就好理解了，"得道者多助"的意思就是你有正义，有一定的道德标准，能以正心做正事，那你自然会受到拥护，会得到支持与帮助；而一旦失道，失去了正义，那你迟早都会众叛亲离，自然也就"失道者寡助"了。

那我们为什么需要"得道"呢？在"得道者多助，失道者寡助"之后是这样说的："寡助之至，亲戚畔之；多助之至，天下顺之。

以天下之所顺，攻亲戚之所畔；故君子有不战，战必胜矣。"这一段文字的主题是提醒古时的君主要施行"仁政"，就是不能仰仗天时地利人和，而是要主动去"得道"，这样才能让"天下顺之"；否则如果失道，那必然会众叛亲离。而天下顺之自会壮大自己的力量，就能解决包括众叛亲离在内的很多问题，也就是得道会让君主得到更多的资本和力量，不论何时都能"战必胜"。

那么放到今天来看，"得道"对于我们每个普通人来说也具有重要的意义。"得道"的目的是让自己心生正义，就如前一节提到的，正心引领才能做正事，而为人最大的正事，除了让自己有更好的生活，那就是把自己奉献给社会，奉献给国家。

这就是"大格局"，而我们作为教育者，就要为孩子建造起一所"大房子"，帮他拓宽格局空间，给他最好的引领与培养。

说到造"房子"，作为爸爸，作为家中重要的一根"顶梁柱"，我们又要担起重任了。

牛顿曾说过："如果说我比别人看得更远些，那是因为我站在了巨人的肩上。"同样道理，对于孩子来说，父母理应先成为那个"巨人"，这样我们建造的"房子"才足够大。

那么要建造"大房子"，就要关注它的内外"装修"。

第一，"内装修"——在孩子内心树立最明亮的灯塔。

爸爸的大格局会让孩子看到人生前进的光明之路，这话听起来好像很文艺，但不得不说，我们如果有大格局，言谈举止中就可能会点亮孩子的内心。

有的爸爸可能会怀疑："我大谈人生，孩子能听得懂这些吗？他愿意听这些吗？他难道不是更愿意看动画片？"其实我们都不要小看孩子，不要觉得你说了什么他听不懂，恰恰相反，孩子在很小的时候就已经能知道你到底在说什么了。

有一则新闻报道说，某市一个4岁的孩子本来很活泼，却忽然变得不愿意和人交流了，父母带孩子去医院检查，发现他竟然患上了抑郁症，医生也表示这是他遇到的年龄最小的得抑郁症的孩子。

医生仔细询问孩子，孩子就告诉他说，之前听到爸爸妈妈讨论家里的某个变故，他觉得非常担心，又怕说出来让爸爸妈妈变得更担心，然后他就把这事一直压在自己心里，结果时间一长，自己抑郁了。

后来医生教父母又演了一场戏，表现出"事情快解决了"，孩子这才慢慢放松了心情。针对这件事，医生也提醒父母，平时要注意自己的言行，保护好孩子的心理健康。

你看，4岁的孩子，是不是你认为的"看动画片"的年龄？可他就是能听得进去父母说了什么，而且还有了自己的思考，并能选择怎么处理自己思考的内容。

通过这个例子，我们应该意识到，站在自己格局的角度与孩子谈人生，并不是什么不可能的事，孩子是可以听懂的。当然要了解自己的孩子，知道他的理解能力到底到了什么程度，要选择他能理解的表达形式，用他可以接受的方式和他聊聊那些看似深奥实则关系到每一个人自身成长的话题，点亮他内心的灯塔。

你可以给孩子讲讲自己的人生经历，讲讲自己对很多事情都有什么独特的想法、做了什么选择、得到了什么结果，以及现如今再看这些事你又有什么感受。这样的互动交流说不定就会触动他的内心，促使他对自己的人生充满期待。你的格局越大，你能聊起来的东西也会越多，而且聊的内容层次也会越深，可以调动起孩子对未知的好奇心。通过这样的沟通，你不仅展示了自我，让孩子更加了解你，同时也帮助孩子将自己头脑中的世界不断拓展，而你的这种引导其实也帮他规划了拓展世界的正确方向，可谓一举多得。

第二，"外装修"——借助共同成长帮孩子成就坚定的自我。

作为一个成年人，我们比孩子多了很多阅历，人生的前三四十年积累了很多经验，从这个角度来说我们要比孩子成熟得多；可作为父母，我们却与孩子"同龄"，有了孩子，我们才成为父母，所以他几岁，我们的"父母龄"就是几年。从这个角度来说的话，我们也没比孩子"成熟"多少。

总有爸爸用"我是成年人"来证明自己的成熟，因此也就意识不到自身的"角色成长"，孩子长大了、需求增多了，可没有成长的爸爸远远满足不了孩子现有的需要，这就会导致一种结果，孩子的成长是依靠妈妈和他自己来实现的，而本该由爸爸实现的部分也许是由妈妈补上的，也许是由其他人补上的，那这部分的作用就会很弱，这就意味着爸爸在孩子的成长过程中几乎没发挥什么重要的作用。

可是，在孩子成长过程中，在很多特定时期如果缺乏特定的引导训练，那就会出现成长缺失，这种缺失可能会对他的一生都带来消极影响。比如在 6~8 岁这个阶段，孩子会逐渐从妈妈的怀抱里走出来，转而开始占据爸爸的肩膀。而爸爸此时的作用就是要肯定孩子的能力，并帮助他发展身体能力，进而促进心理发展。也就是说，在这个阶段里，妈妈的情感安全和爸爸的慈爱管教会给孩子提供坚固的保护，孩子可以充分展现自己，身心得到飞速成长。

那么想要实现这一点，我们显然就要提升自己的陪伴、交流、阅读能力，提升处理孩子学习、情绪、思想以及生理发育中的问题的能力，这种"配套"成长才能让孩子在这个阶段获得满足，进而获得身心的健康成长。

更重要的是，你和孩子一起成长，他就会看到你身上的变化，比如你开始慢慢理解孩子说的话，能够接纳他的变化，能够解答他的问题，这会让他逐渐感受到来自爸爸的"与时俱进"的爱，这种被爱的感受会让他更愿意亲近你。不仅是这方面的变化，还包括你自己工作等教育以外方面的变化，比如你原本的工作就在为社会做贡献，而你由于每日不断精进自我，工作也越干越好，家庭生活因此得到改善，那他就会从你的这种成长意识到努力是相通的，人生中的所有有意义的努力都是值得的。孩子这种思想上的成长也许会给你带来意外之喜。也就是说，同步成长会让你亲眼见证自己和孩子的变化，你们可以一起体会变化带来的新鲜感受，你们彼此的感情也会因为这样的"共同奋斗"变得更加亲密，这无疑是增加家庭黏合度的绝佳方法。

　　总之，与孩子的同步成长虽然起点不同，可你会发现慢慢地就会表现出"殊途同归"的妙处，也就是你和孩子尽管努力的方向不一样，可你们都是在为了让自己、让家庭、让社会变得更好而奋斗，那么，整个家庭也会随之显现出一种积极向上的氛围。

传承良好的家文化

　　对于中国人来说，"家"有着特殊的意义，古人讲"修身、齐家、治国、平天下"，从家庭到家族，再到国家，"家"在一个人的一生中势必会发挥重要的作用。古人也讲"积善之家必有余庆，积不善之家必有余殃""家和万事兴"，家好不好，不仅可以决定你自己个人发展的好坏，还可能决定更多人的未来到底是好还是坏。

　　"家文化"可以说是我们传统文化中最大、最主要的部分，它不只是一个家庭、家族的文化，更是一个集体、整个社会的文化。我们理应弘扬这种家文化的精神。

　　那么说到"家"，我们就先从自己身处的这个家开始说起。家庭是我们每个人人生的第一所学校，也是社会的基本组成单位，小家好，大家才好，社会才好。要实现"小家好"，我们就要做到"顾家"，要为了家庭有更好的发展、获得真正的幸福而不断努力。那么什么是幸福的家？著名作家林语堂曾说："幸福人生，无非四件事，一是睡在自家床上；二是吃父母做的菜；三是听爱人讲情话；四是跟孩子做游戏。"

这段话几乎涵盖了一个家庭的所有元素——父母、夫妻、孩子，这些人彼此的关系，是构建家庭和谐的重要基础；这些人在家中的行事作风，决定了家庭能否幸福快乐。

这段话也几乎包括了我们要在家中做的所有事：睡在自家床上就是经常回家并将家打理得更舒适，吃父母做的菜就是常和父母包括岳父母联系，听爱人讲情话则是要对妻子有情有爱、和谐共处，跟孩子做游戏自然就是要多陪伴孩子，与他一起成长。

其实，要传承"家文化"，相关内容前面已经提到了很多，这里我们再简单梳理一下。就我们自己的小家来说，完全可以从以下四个方面入手：

第一，经常早点回家并打理家务。

有很多爸爸并不经常回家、不常早回家，除了必要的工作出差，就算下了班也会在外面"游荡"一会儿，或者坐在自己的车里耗时间，还美其名曰"给自己一点时间""给自己一点自由"。但你有没有想过，你也是家庭的一分子，家庭成员齐聚，家才算完整，不论是爸爸还是妈妈，都是家庭建设的重要成员，所以如果作为爸爸你都不去靠近、不去融入它，又怎么可能让家充满温馨，让你时刻有想要早回去的冲动呢？

一位妈妈就曾经在微信中抱怨孩子的爸爸："你每次都是很晚还不回来，家里大事小情都是我自己来，东西坏了我自己修，缺什么、少什么我自己买。你什么时候能关心一下家里是不是还缺点什么、需要添点什么，有什么需要换了，你也主动为家里多操些心。你不觉得每次回家你都跟搬新家一样吗？你一点儿参与感都没有，这算是你的家吗？你还算是这家里的人吗？你一点儿都不为家里着想，只有我一个人在操持，这日子过得真是太累了！"

这位妈妈说得没错，对于绝大多数家庭来说，小家建设从来都不是一个人的事，经常回家的意思不只是陪伴家人，也是要为家做贡献。

我们对家要有最起码的眷恋，要从与妻子建立家庭开始，就将"建设美好家庭"当成自己的奋斗目标，要时刻想着"我这样做能为家庭带来什么"，想着"这个地方添个什么适合我家"，想着"我要不要和妻子商量一下好好布置布置家" ……就是除了工作和其他必要事情之外，你的心思应该尽可能多地投放在家庭中，不要动不动就四处应酬、与朋友夜不归宿，也不要总去羡慕别人的家庭，你总要有付出才可能看得到回报。

可能也有的人说了，一般当人感到失意、难过、不顺心的时候，总会想要"回家"，因为家是能让我们放松的地方，不论家多小，都能给你遮风挡雨，给你带来温暖。但家是只有失意的时候才能想起来吗？

不要给家设定任何条件，回家应该是无条件的事，你要把回家、顾家当成自己必须要做到的事情，不是说你难过了才回家，而是你回家并为家做了努力，家就会回报你温暖，给你继续前进的动力。

第二，常和父母、长辈们联系。

虽然我们和妻子离开各自的家庭建立了一个新家庭，但父母依然是与我们血脉相连的最亲的人，孝敬父母是人生第一等的大事，所以，不要因为有了自己的小家就忘了你们原本的家。

如果不在父母身边，那就多打电话或视频，多询问他们的需求，尽自己可能满足他们的需求；如果可以常见到父母，那就时不时去和父母吃顿饭，有机会带父母一起出去走一走。

有的父母可能出于不给孩子添麻烦的考虑而不主动来"打扰"你，但这并不是对你放心，而是他们选择不影响你，但我们不能就此觉得理所当然，该做的事情一样不要少，父母也会感觉安心；有的父母可能恰恰相反，即便你都已经做了父母，但他们还是会过度关注你，那我们就不妨从父母这个身份角度来考虑，不论你多大，在父母眼中你始终是孩子，所以对他们不妨也宽容一些，及时回应他们，提前想到，打消他们的顾虑，逐渐让他们放心。

而且我们常联系的对象也不只是自己的父母，还包括妻子的父母，以及其他与我们很亲近的长辈。老人们对于小辈关爱有加，小辈自然也要对长辈有足够的孝敬之心，这种情感与礼节上的"礼尚往来"，恰恰就是我们家文化很重要的情感组成部分，也是维系一个家庭圆满完整的重要基础。

第三，与妻子建立更深的情感联系。

维系一个家需要夫妻双方的努力，我们先不去管妻子要怎么做，作为男人，我们自己得有所行动，要与妻子建立良好的沟通，而不要对她挑三拣四。生活本就充满种种意想不到，也许最初陷入美好爱情的你们，当开始真正婚姻家庭生活之后，会发现对方有很多缺点；也许最初你感觉还不错的人，实际上却有很多你还不知道的缺点，那么我们就应该从现实出发去接纳生活。

在与妻子面对面时，该说的好听的、动听的、有情有意的话，最好一句都不要少；试着多看看对方的优点，让她能感受到和你成家是一件幸福的事；在与妻子相处的过程中，少一些理所当然的享受和自以为是，多一些包容和主动。夫妻关系是一个家能否顺利发展下去的最重要的关系，我们与妻子之间的情感维系，不只是需要妻子的努力，更需要我们的付出。

第四，多与孩子在一起。

本书一直在提醒爸爸，要多与孩子在一起。对于有孩子的家庭来说，孩子是家庭中十分重要的一分子，比如最直接的亲子关系，可以说这是我们家庭能否快乐的重要影响因素；比如夫妻关系以及我们与老人的关系，孩子几乎承担了绝大部分的调和、融洽、维系关系等重要作用；还比如长幼关系，孩子会传承老一辈的种种优良作风，还会给老人带去天伦之乐，发扬中华家文化的"敬老爱亲"。

我们要重视与孩子在一起的时光，陪他游戏、对他引导教育、和他一起感受快乐、与他一起成长进步，这样我们全家才能一起走向向上发展的明天。

总之，家文化是我们伟大而又充满温暖气息的"信仰"，是我们需要好好努力传承下去的重要内容，孩子未来能对家有多少眷恋，能对家有多少贡献，对社会有多大贡献，就取决于父母。所以，作为家庭重要的"顶梁柱"，我们理应肩负起这个无比重要的责任。

第八堂课

角色定位：好爸爸的前提是什么

在你的家庭中，你能明确自己的定位吗？很多男性可能嘴上都会说"我当然知道了"。的确，这个定位说出来很容易，但到底能不能在行动上有所表现就无法确定了。我们想要成为一位真正的好爸爸，还是要先回归自我，反求诸己："我的角色定位是什么？我做到了什么？"

好爸爸，好丈夫，好儿子，好女婿

每个人因为所处位置不同就会有很多不同的身份，就拿在家庭中来说，男性的身份就会在爸爸、丈夫、儿子、女婿之间不停地切换。但在实际情况中，并不是所有男性都能在所有身份间游刃有余，虽然你因为家庭关系发生变化而有了不同的身份，你却不一定能在自己的这些角色上有良好表现。

爸爸的角色。有的爸爸对自己这个角色的定位并不清晰，无法很好地"扮演"自己的角色，更别提肩负角色应有的责任了。

丈夫的角色。有的家庭中的男性连最重要的夫妻关系都不能很好维系，身为丈夫却空有丈夫的名头，不能尽到丈夫的责任与义务。

儿子的角色。"儿大不中留""有了媳妇忘了娘"，过去的这些俗语并不是没有事实根据的，孝敬父母是做人最基本的原则，如果连这个原则都丢了，这样的人又怎么能算是一个向善之人呢？

女婿的角色。如果连自己的父母都不好好孝敬，他还会孝敬别人的父母吗？如果对妻子都没有太好的感情，你觉得他会对妻子的父母有好脸色吗？女婿角色其实可以从侧面看出一个男人丈夫的角色、儿子的角色到底有没有做好。

作为男性，我们对自己所担任的角色的定位如果不清晰，不能很好地实现自己的角色作用，就意味着我们对自己的认识并不清晰，也就是我们的人生其实是混沌的，这样的生活还有什么幸福可言呢？

所以，我们最起码要做到认清自己，要好好确定一下在这些角色的位置上你又应该有怎样的表现。

第一，做好爸爸——成为孩子喜欢的长辈。

作为爸爸，我们的角色就是长辈，如果你还是"唯我独尊"，一切由着性子来，那你其实并没有长辈的样子。想成为一位合格的长辈，你应该最起码具备足够的知识储备、能力表现、思想情感。你要能生养孩子，更能教育孩子。你是孩子心目中努力的目标，也是孩子眼中仰望的存在，你的言行举动将在孩子身上复刻，你的选择和决定也将会影响孩子的选择和决定，你能看到多远，孩子也就能跟着你看到多远，还可以站到你肩膀上看到更远。

作为长辈，我们应该是孩子眼中时而稳重时而活跃的存在，是既能教育他也能陪伴他的存在，更是他可依赖也可信任的存在。"你要有爸爸的样子"，就是你至少要让孩子感觉得到"这是我爸爸"，而并不是"经常不回家的人""总是发脾气的人""总是和妈妈闹矛盾的人"……

2018年8月，某大报的官方微博曾经发起一个邀请，邀请5~50岁不同年龄的人，用一个词来形容父亲。这个邀请的初衷，可能是希望大家能说出那些对父亲美好的形容，比如耐心、帅气、可靠、引导、责任、阳光、勇敢、智慧、强大、冒险、慰藉……哪知在这篇微博下回复的内容有些却不怎么美好。诸多网友眼中的父亲，有的是"霸道、跋扈、表面上的关心"，有的是"不负责任"，有的是"清高自私、懒惰邋遢、百无一用"，还有的是"古板、自私""阴晴不定"，更有人干脆用两个字来形容——"无感"。

这篇博文下的最高赞这样描述自己的父亲："凶了吧唧，不分青红皂白一通骂，脾气太大，并且懒，还自以为是，总觉得自己多厉害。我真的不是很喜欢他，如果我以后也有自己的孩子，我不要这样对待我的孩子。"

都说父亲是孩子的榜样，当父亲不能做榜样时，换来的只能是孩子的嫌弃，甚至一点传承都不愿意有，父子关系早就出现了深深的裂痕。

要知道，你是不是真的成了一个好爸爸，看看孩子的表现以及对你的亲密程度，你就能很快得出结论。而太多父亲在孩子眼中已经没有了好形象，可见这些父亲离"好爸爸"的距离着实有些远。

面对这样的事实，我们也应该有些危机感了，做好爸爸应该是我们认真对待的一件事，更是我们要努力实现的一件事。

第二，做好丈夫——发挥重要"顶梁柱"的作用。

作为丈夫，你要爱护妻子，能成为与她相互依靠、信赖的存在，家中大小事务你都应该与她一起参与其中。

其实对于妻子来说，丈夫应该是一根靠得住的"柱子"，是能理解、包容的"柱子"，是能在是非面前拿主意的"柱子"。所以从丈夫的角度出发，我们要努力满足妻子的这些需求。

我们应该读懂妻子的心，理解她的付出，回应她的需要，不要那么理性地去行动，多一些情感才是保证夫妻关系和谐的"润滑剂"。同时，我们也应该多与妻子沟通交流，妻子和我们的身份其实是一样的，她也是家里的"顶梁柱"，只不过我们这根"柱子"可能更强壮一些，但我们不能因此就习惯自作主张，也要能考虑到妻子的感受，面对问题时多听听对方的意见，通过沟通选择合适的解决方法。还有，我们对妻子要有感恩心，感谢她对家庭的付出甚至是无私奉献，不只是口头上的温暖，更要有实际行动上的呵护，比如帮她做些事、给她一些小惊喜等。

另外，我们也要控制好自己的脾气，男人的脾气不是撒给妻子的，脾气暴躁也并不能体现男性有多阳刚，反而只显示出你自私小气不够宽容的缺点。所以丈夫做得好不好，其实也不是我们自以为的，也是要通过妻子的态度、感受、评价来体现的。

第三，做好儿子——给父母应有的敬重。

作为儿子，我们与父母血脉相连，父母是与我们最为亲近的人，生你养你，看你成家立业，愿意为你操一辈子心，这样的父母不值得你好好敬重吗？

那什么才算是真正的敬重？不是你只给钱、买东西，也不是你要求妻子必须尊重你的父母。在《论语》中，子游向孔子请教孝道，子曰："今之孝者，是谓能养。至于犬马，皆能有养。不敬，何以别乎？"可见，我们对父母最大的孝就是"敬"，要从内心敬重他们、恭敬他们。

想想看，我们成长时，父母却在同步衰老，所以越是往后，我们越应该表现出"敬"，不要试图去改变父母无关大雅的习惯。比如有的父母过惯了勤俭日子，有的人会觉得父母不必这样，想要阻止他们的行为，其实完全没必要，尊重、包容父母的生活习惯，才是真正的爱，否则强行改变，反而适得其反，让他们按照自己喜欢的方式去生活就好。

我们对父母表现出来的"敬"还包括包容他们，少发脾气。年岁越大，父母可能越固执，反应也会越来越慢，对待这样的他们，我们也应该保持足够的耐心，包容他们的不完美，少挑剔他们的言行。

另外，我们对父母的"敬"当然也包括感恩付出，满足他们想要付出的心思。年岁越大的人，越不想让自己显得无用。

　　一位教授在家请学生们吃饭，吃完饭后学生们纷纷表示帮忙收拾碗筷，但教授却阻止了学生，而是招呼自己的母亲说："妈，刷碗了。"

　　母亲刷完后，教授说："妈，辛苦了。"送母亲回屋休息后，他又把碗重新刷了一遍，并告诉学生："母亲有事做，会觉得儿子依然需要他。"

所以，我们也要关注父母的这种需求，肯定他们的付出，让他们获得被需要的幸福。

第四，做好女婿——给岳父岳母最大的安心。

作为女婿，我们首先应该心存感恩，更要心存体谅。因为你的岳父岳母要下很大的决心，才愿意自己一直捧在手心里的宝贝与一个他们之前并不认识的人去组建新的家庭；他们也要以很大的毅力克制自己不去干涉你们的生活，因为他们其实很怕自己的宝贝过得不好；他们甚至要忍受自己的孩子远离他们身边的孤单与难过。仅就这几点，我们理应以感激的心去敬重这两位老人。同时，也要以自己的表现来换取两位老人的安心，多一些主动性的表示，少一些任性的抱怨，也要做好妻子与岳父岳母之间的"调和剂"，保证全家上下都开开心心的。

当然有一点我们也要注意，不论什么角色，彼此之间并不是完全割裂的。现实生活中，你的所有角色都需要你实现无缝切换，甚至是同时存在，所以我们要理顺自己在不同角色中应该怎么去表现。但其根本都是一个原则，那就是我们应该做一个有担当的好男人，至于说什么是"好男人"，我们在下一节继续探讨这个话题。

总之，我们是拥有多重身份的男性，我们在不同角色上的表现如何，将决定我们的家是不是幸福快乐以及能否长久发展下去，所以做个有担当的人，应该也是我们人生的终极目标之一。

努力做"有本事、没脾气"的男士

有人说"人分三六九等"，其实从某种角度来说，这个"三六九等"也可以指人的类型，不同的人会有不同的表现，但是在这所有表现中，本事和脾气却决定了很多人的人生。本事决定着我们是不是能好好生存下去，是不是能顺利解决人生中的很多问题，是不是能够迈过诸多坎坷过得圆满；而脾气，则决定了我们的生命品质，我们是不是可以做到天天开心，是不是能不为情绪冲昏头脑做出错事，是不是能获得更多的幸福，就看我们的脾气如何。

而对于男性来说，本事和脾气更是我们人生中相当重要的两个部分。普遍而言，男士在家庭中有几种不同的类型：

第一类，有本事、没脾气。

这样的人大部分精力都放在正道上，也就是可以"闷着头干大事"，遇到问题会积极想办法，遭遇逆境也不悲观抱怨。他们始终乐观向上，能紧张工作，同时也能娱乐享受；敢于承认自己的错误，也能包容他人的问题，有足够的同理心，有良好的个人习惯。这样的人其实正是因为自身有本事、能力足，所以他内心是有满足感的，而当内心的需求得到满足，那自然也就不会无缘无故闹脾气了。他们对待家庭也会认真负责，可以想妻子之所想，也能站在孩子的角度去思考成长的意义。

第二类，有本事、有脾气。

有种说法叫"本事越大，脾气越大"，这样的人在社会上也很常见，在人们的普遍认知中，"他有本事"其实也意味着"他有资格发脾气"，这样的人发发脾气，你并不会觉得他不可理喻，因为他还能做出不少贡献来，就好像是大家所能理解的"功过相抵"。他们在家里容易变得"唯我独尊"，虽然他也会为家庭做出很多贡献，但坏脾气却可能会影响家庭和谐，以至于妻子和孩子对他敬而远之。

第三类，没本事、没脾气。

很多普通人没有太大的本事，但老实本分，过着自己普普通通的生活，享受着自己所能享受到的一点快乐，也就相对知足了。这样的人可以用什么来形容呢？通俗来说就是"做一天和尚撞一天钟""得过且过"，你说他有错吗？不能算大错。但你说他没错吗？好像也不能。毕竟，人还是需要长点本事的。这样的人在家里会很没有存在感，尤其是有些家庭中会出现"女强男弱"的情况，这很容易导致男性变得自卑，而且这样的爸爸也并不能给孩子树立好榜样，家庭生活的重担可能会都压在女性身上。

第四类，没本事、有脾气。

这样的人本事不大，脾气不小，再具体一点，就是在外面本事不大，在家里脾气不小。可能因为在外面没本事遭受了批评、白眼，回家后就把坏情绪发泄到了家人身上。这样的男性最容易引发家庭战争，不论是对妻子还是对孩子，他都可能动不动就"自尊心"爆棚，在妻子面前大放厥词，在孩子面前"吹牛"，可却没有什么实际行动，家庭生活反而会因为他的暴脾气而变得越来越不幸福。

这四类人，很明显第一类人最被人喜欢，每位男士都应该向这个类型努力。而要实现这个目标，我们需要从两方面来努力，一是长本事，二是降脾气。

先说"长本事"。

想要真正长本事，可以从以下几点入手：

第一，在正道上学本事。

我们要学的本事、要增长的本事，都必须要是正道上的本事，这才是我们安身立命、提升幸福指数、建设家庭、贡献社会所必需的本事，这对我们的人生、家庭和社会才是有意义的。

所以，不要想着一夜暴富，也不要试图投机钻营，否则将会付出惨重的代价。

安分守己地做正当之事，只要你努力、不放弃，你所获得的一切，都是踏踏实实、为人称道的，那你其实就已经算有本事了，毕竟做一辈子"正当之事"，这就是本事。我们做人要本分，内心要有基本的处事原则，这也是我们要传承给孩子的。

第二，有积极的上进心。

想要有本事，就要有上进心，否则你只能原地踏步，甚至退步，又怎么可能长本事。

所以，我们就要为了一个正向的目标去努力，去精进，不断向前。就像我们小时候课本里学的《卖油翁》，为什么他倒油的技术那么炉火纯青？"无他，惟手熟尔"，不断精进自我，始终保持积极上进的心，永远都在努力奋斗的路上，不断地进行刻意练习，自然不愁没本事。

第三，不畏艰难，勇往直前。

求上进，很难一帆风顺。但人生本就是不断攀爬的过程，只要你肯努力向前，就有不同的风景等着你。而且当爸爸能不怕困难一直向前时，这对孩子也是一种促进，尤其是当看到爸爸因为不放弃而成功时，孩子内心的那种崇拜感是其他事所无法赋予的。

第四，心无旁骛地专注。

只有专心，才可能学到东西。当爸爸的有家庭要照顾，有工作要做，这时若想再长点本事，就需要用更大的毅力来保证专心了。比如，合理安排时间，给自己找合适的时间来继续学习知识、精进技能；孩子学的时候，我们也同步学习，与他做学习上的伙伴，他学习他的课程知识，我们则精进自我，互相监督、互相促进，一起走向成功。

第五，在各方面长本事。

所谓"各方面"，是说除了工作、学习之外，还应该在人际关系、处理问题、解决困难等各方面长本事。其实我们在学习、工作上的能力与生活、人际交往方面所需要的能力是相通的，比如在工作上专注投入、与人为善，就有助于你更好地完成工作，你在生活中与人交往也应该遵循这一点，这会让你与周围人建立更融洽的关系，生活也会变得更美好。

再说"没脾气"。

所谓的"没脾气"，就是尽可能掌控情绪，及时处理坏情绪，不让其发散、放大，连累无辜。具体来说，应该怎么做呢？

第一，感同身受，尤其是对家人。

很多时候，我们沮丧、懊恼、郁闷、生气、抱怨、愤怒，是因为一些事情没有达到我们的预期。但如果我们换个角度想想，可能结果就完全不一样了。

比如，你觉得妻子今天的菜做咸了不好吃，但妻子今天是因为事务繁多手忙脚乱才导致做菜有失水准，你抱怨妻子不用心，可妻子也因为劳累而烦躁，还会觉得你不够体谅。显然如果你只站在自己的角度去考虑，就会给两方都增加烦恼。所以，我们要懂得感同身受，懂得换位思考，尤其对家人更要体谅，对身边人不吹毛求疵，这样我们就会有一颗越来越包容的心。

当然，感同身受之后，我们还可以从自己的角度给对方一些帮助。比如，妻子"一心多用"做很多事导致手忙脚乱，那我们就可以跟她商量好，一是帮她做好时间安排，二是我们主动承担一些，或者减少一些不必要的事务，尽量解决问题，消除矛盾。

第二，转怒为恕，看长不看短。

所谓"转怒为恕"，就是不做"心的奴隶"（怒），而是要"如其心"（恕）。

比如，还是说妻子做菜咸了，你不能上来就说"你就没做好吃过"，因为这样的表达让人伤心又愤怒，妻子如果也脾气不好，那必然会吵起来，但你如果说"咸中有味"，或者说"今天你太累了，下次我来做"，那这样的表达无论如何也吵不起来，妻子反而可能会说"下次我做得好吃一点"。

以一种包容的心态看待那些无伤大雅的问题，多关注长处，少关注缺点，当你能保护好对方的"面子"，对方也就不会因为自己的问题而跟你针锋相对。

这其实也是为人处世的智慧，人无完人，不要总是盯着对方的短处，多关注对方的好，心情立刻就会不一样了。

第三，经受得住各种"考验"。

作为成年人，你可能会面对各种诱惑，而当你经受不住考验时，你整个人都会深陷其中而失去理性，甚至做出傻事。

有时候情绪不请自来的原因全在我们自己，你管得住自己，不轻易被各种不良事物诱惑，那你的烦恼也就会少许多。同时，你还可以用一些大家都认可的、积极正向的兴趣来填补你的空闲时间，比如读书、健身、旅游，让生活充实起来，提升综合素养，远离不良嗜好，这样坏脾气自然也会离你远去。

当我们努力做"有本事、没脾气"的男士时，就会生出无限的人生智慧、处世智慧、教育智慧，就会懂得与"另一半"和睦相处，也会给孩子做出平和的榜样，而我们自己也将会在整个努力的过程中受益无穷。

与"另一半"共同打造和谐的家庭氛围

孩子的健康成长离不开和谐的家庭氛围，氛围看不见摸不着，所以，家庭氛围不等于家庭，也不等于房子。虽然房子看上去是"实"的，但它所建构的却是一个"虚"的物理环境，也就是说，这个"实"的房子是孩子"安身"的地方，对孩子的成长只起辅助作用。孩子成长的"真"环境在哪里呢？就在父母共同打造的家庭氛围里，这个"实"的精神环境才是孩子可以"安心"的地方，对孩子的成长起着决定性作用。

对孩子来说，家庭是他最常待的地方，所以家庭氛围如何，也就决定了他是不是能够以一种良好的心理状态投入到学习和生活之中。

比如，如果是一个经常发生争吵的家庭，父母动不动就大呼小叫、恶语相向，孩子在这样的环境中，内心也会深受影响，他会忍不住用家人之间彼此吼叫的话语来表达自己的不满，整个人都变得比较暴躁。

还比如，如果一个家庭总是充满各种负面情绪，彼此互相不停地挑对方的错，全家上下都处在一种"低气压"中，那么孩子内心也会感觉压抑，变得比较悲观，害怕自己出错，更害怕自己的错误会被家人发现，久而久之，他会变得过分小心谨慎、不自信。

所以，我们整个家庭的氛围如何，是影响孩子内心环境的关键所在。

正所谓"养鱼就是养水，养树就是养根，养人就是养心"，同样的道理，要想把孩子培养好，就要把他生长的这个环境——家庭氛围营造好。具体来说，我们应该怎么做呢？

第一，努力经营好婚姻，懂得为"另一半"付出。

一般情况下，要想让孩子健康成长，父母就需要经营好婚姻。婚姻的稳定决定家庭氛围的稳定。所以，作为男士，我们要想办法经营好婚姻，心甘情愿为"另一半"付出。比如，始终保持对"另一半"的关注、喜爱，时常给她一些小惊喜。我们不妨去关注一下那些幸福的婚姻，其中的男性一定都是甘愿为对方付出的，那些幸福地笑着的妻子，多半都享受过丈夫给做的好吃的、准备的小礼物，在自己不想动、不能动的时候被丈夫认真地照顾过。简单来说就是，当做丈夫的愿意为妻子付出时，能让她感受到这份付出并能从中感觉到轻松快乐时，家庭幸福其实就已经实现了一多半了。

有这样一个短视频，主角是一位老人，他给人们讲述他75年幸福婚姻的秘诀，就是只需要做好三件小事：第一，把垃圾扔了；第二，把马桶盖放下来；第三，遵命。

来解读一下这三件事：第一件，就是要眼里有活儿；第二件，就是要为"另一半"着想；第三件，就是遵循"老婆是对的"这一点。其实这三件事都有一个统一的基础原则，那就是老人对"另一半"始终忠诚，没有二心，没有其他杂七杂八的念头，满心满眼都是妻子，他才会愿意为她想到一切，为她养成好习惯，愿意以她为"首"。所以，他拥有75年的快乐婚姻生活，着实令人羡慕。

实际上，婚姻中对"另一半"的爱意、婚姻中的忠诚给我们带来的不仅仅是家庭的完整，它会让彼此情感稳定，不用分神去考虑对方情感上的问题；可以让我们全身心投入到建设和谐美满的家庭生活上来；它就像是堤坝，阻隔一切可能导致家庭被混乱波涛湮灭的可能。

这也是对孩子的最好引导，孩子对于婚姻的认知、对于夫妻相处之道的了解和学习，就来源于父母之间的相处，一个对妈妈忠诚的爸爸，必然会有一个对未来婚姻也忠诚的孩子，因为他眼中所见的就是婚姻最真实的样子，忠诚也是他自小就耳濡目染的美德。

第二，学会正向消化不良情绪，而非无原则发泄。

有些人在外面对外人可以很好地忍耐下来，但只要一回到家，所有的坏情绪就都出来了，于是家里经常会充斥着各种暴躁、抱怨、沮丧、悲伤……发脾气是每个人的自由，可是，为什么非要把坏情绪留给家人来消化呢？我们是思想成熟的成年人，很多不良情绪要学会自我开解、自我消化，或者选择其他方式来转移注意力。"窝里横"的表现，除了扰乱家中的平静氛围，也间接反映出你在处事方面的不成熟，给孩子做了一个坏榜样，所以如果你有这种习惯，那就赶紧纠正过来，还家庭安宁。

第三，快速解决矛盾，做到全家上下和平共处。

家也是个小社会，各种矛盾频出，这很正常。但有的家庭可能让一个小矛盾不断发散，延续好几天甚至更久，全家上下也就总是处于这种压抑之中。其实，没有什么问题是不能解决的，有了矛盾，不要互相指责，而是互相包容，多想着如何去解决，彼此少一些抱怨。越快解决问题，就越能让家中的压抑气氛尽快消散。

第四，不要把孩子当成是自我情绪释放的垃圾桶。

有的爸爸一旦情绪上来，就可能会把孩子当成释放情绪的垃圾桶，要么是对着孩子各种找茬，指责他作业中的各种问题，要么就是很丧气地对孩子说，"你必须得好好学习，将来才能找到好工作，不然你看我，天天干这么累的活儿，工资却不高，甚至被人欺负"；

还有的爸爸会对着孩子诉苦，说自己有多么难过、多么痛苦。

孩子对你的爱会促使他很快产生同理心，你的情绪对他也有极大的感染力，他会莫名其妙地背上这种负面情绪，并影响到自己该做的事情。更重要的是，他自己并不会排解。可能过一段时间你自己好了，可是这种情绪却压抑了孩子的内心。

所以，不要自私地对着孩子发泄你的负能量，他也是一个自由独立的人，有自由支配自己情绪的权利。你自己的情绪请自己承担，自己想办法去解决，或者去寻找同样是成年人的家人朋友来帮忙，不要让孩子承接你所有的情绪垃圾。

第五，通过正能量活动培养和谐美好的生活氛围。

家庭氛围需要全家的活动来进行改变，所以我们不妨多安排一些充满积极正能量的家庭活动，比如全家一起出行，一起进行体育活动，一起做游戏，一起看欢乐的电影，一起分角色读书，等等。在进行这种全家活动时，我们要暂时丢下烦恼，全身心投入到活动之中，及时改善自己的情绪状态。

对老人要有孝心

前面我们讨论过关于好儿子、好女婿的角色定位问题，孝敬四位老人是我们理所应当要做的事情。不过，有孝心是基本原则，在这个基本原则上，对两边父母的孝心可以有不同的侧重。

对亲生父母而言，要让自己过得好。

不管怎样，亲生父母永远都会希望自己的孩子能够过得好，那么你过得好体现在哪里呢？你是快乐的，与妻子和睦相处、相亲相爱，对孩子既有威严又不失亲切。

孔子曾说，孝道的最难之处是"色难"，也就是要对父母和颜悦色。当你事业有成、夫妻和睦、孩子健康成长，你自然能有好情绪。

所以，你过得好不好呢？有没有努力呢？父母知道你的情况吗？这些都是我们对自己亲生父母的孝心的重要体现。

第一，告知父母你的生活现状。

成年，工作，成家……我们一路走过人生的很多阶段，有些男性认为这就是自己独立的最好体现，但你的独立并不代表"不需要告知父母现状"。父母对你永远都有牵挂，你现在怎么样了，是他们最想知道的内容。

我们应该把自己的生活现状时常给父母讲一讲，说说你现在是一个什么状态，工作怎样了，生活怎样了，吃住如何，消费如何；你的小家庭怎样了，有什么好事发生，是不是过得幸福；你的孩子怎样了，你在教育他的过程中又经历了什么。当然还有最重要的一点，那就是你现在是不是快乐。

可能有的人对父母都是"报喜不报忧"，本着不让父母担心的心情去和父母联系，这在原则上说没有问题，但从情理上来讲，父母会认为"我的孩子与我疏远了"。

这其实就是所站角度不同而带来的认知不同，前面提到了很多次要"感同身受"，你现在也是父母了，那么你想象一下自己的孩子不和你说他经历了什么，尤其是不告诉你他遇到了什么难事，他选择自己承受而又很不快乐时，你是什么样的心情，那么你的父母对你"报喜不报忧"的状态也将会是同样的心情，有时可能还要更甚。

所以，积极的内容当然要多说，但真实的情况也要让父母了解一些。那些不太好的地方可以说吗？当然可以说，但你不能单纯抱怨，也不是跟小孩子一样"遇事就找妈妈"，而是要让父母知道你通过自己的努力可以克服这一切。

而且，上了年纪的父母其实很期待一种"被需要感"，那你不妨也让父母感觉到他们还是被你需要的。可以适当向他们"求助"，比如说一说你遇到的困难，听取他们良好的建议和意见；或者你也可以再做一回父母眼中的"小笨笨"，诚实地说说自己的过错，问问他们还可以怎么去补救，父母的阅历终归要多于你，你还是有很多可以从他们那里学习的东西的。

第二，让父母知道你为生活所做的努力。

随着年纪渐长，父母会越发感觉自己对你的帮助力不从心，"我的孩子到底能不能过得好"，这可能会是他们一直在操心的内容。尤其是我们向父母讲明了自己的生活现状之后，他们对我们过得不太好的那些方面就会更加担心，那么这个时候我们也要给父母希望，要让他们知道"我不是只会抱怨的人，我还可以继续努力，我的努力会带来改变"，要让父母明白"我的孩子有能力让自己和家庭过得越来越好"。

比如，你可以给父母说说你未来的工作计划，告诉他们你现在都在做怎样的努力，你们夫妻二人为了改善现有状况，或者为了克服某个难题都做了哪些事情；也可以给父母展示一下你或者你们努力到了哪一步，取得了哪些成效，有了哪些改变。

第三，带父母体验你所说的"好生活"。

都说"口说无凭"，不是你说了"我过得还行"，父母就彻底相信你真的过得不错。所以，我们时不时地要用一些实际行动来让父母亲身体验你所说的"好生活"。

就像是给父母一些经济上的回报，这也是证明你过得好的一种方式。

还有就是在条件允许下，最好能与父母经常视频通话，让父母看看你生活的环境，看看你现在的样子，不只是听你说，还要亲眼看。或者适当地和父母一起住一段日子，这样你生活的到底如何就会真实地展现在父母面前，如果你真的过得很好，父母通过亲身体验就能有所感受，也会更加放心。

对岳父岳母而言，要让妻子过得好。

对岳父岳母的孝心，最重要的一点就是要让他们知道，他们的宝贝女儿过得很好，也就是我们要让妻子过得好。

所以，对待岳父岳母，我们需要做到：

第一，兑现自己当初的种种诺言。

想要结婚，作为男方的我们都会给未来的岳父岳母一些承诺，比如"我会对她好""我会给她幸福的生活""我会接过您的接力棒继续好好宠爱她"，这些话说出来都很好听，可有些人在结婚之后就完全变了样子，就会让岳父岳母产生"他娶了自己的女儿之后就不珍惜"的愤怒。

我们显然不能这样做，而是要在日后的生活中真的去兑现自己当初的种种诺言。

我们要成为家中的重要"顶梁柱"，对妻子忠诚、始终如一，满足她的需求，给她足够的安全感。岳父岳母会从自己女儿的言谈话语、神情情绪中发现她到底过得好不好。

这其实对我们才是真的考验，你到底做到了什么程度，妻子的反应就会给你最真实的答案。所以，我们要切切实实地对妻子有所表现，该尽到的丈夫的责任和义务一样不能少，妻子只有从你这里感受到了真正的幸福快乐。

当妻子有真正"过得好"的体会时，她与自己父母的交流才会是愉快的，那么，她在父母面前就不会出现"色难"的情况；而岳父岳母通过她的这种快乐，自然也会明白"这个女婿的确靠谱""这个女婿是真的说到做到"。

第二，经常与岳父岳母交流与妻子有关的话题。

你与岳父岳母之间最直接的联系就是你的妻子，而你的妻子也正是他们最为了解且最为在意的女儿，那我们不妨"投其所好"，在与岳父岳母交流时适当增加与妻子有关的话题。

比如，你可以从岳父岳母那里了解妻子更多之前不为你所了解的情况，比如她还有什么小爱好，她过去对什么念念不忘，她以前有什么小遗憾，等等，然后你就可以为妻子准备惊喜，而得到这种关注的妻子自然也会更乐于看到你与她父母之间建立的这种亲密关系。

还比如，遇到一些你不好开口的问题，你也可以和岳父岳母说一说，但这个时候你要表现得理智一些，你不是去"告状"的，而是和岳父岳母一起讨论，然后通过他们的劝导或是从他们那里获得建议，再与妻子进行更有效的沟通。

这一点就是说，要让岳父岳母知道你对他们的女儿很在意，你希望她能过得好，也希望你们彼此建立更和谐的夫妻关系，那他们就会更愿意帮助你。

第三，在岳父岳母面前也要让自己"透明"化。

我们说在妻子面前要"透明"一些，其实在岳父母面前也同样应该让自己"透明"化。

这种"透明"包括这样几个方面：

一方面是你对妻子做了什么，你可以在和岳父岳母打电话时提一提，比如可以说"我们一起去旅游了，她不是喜欢旅游吗？以后有时间咱们全家一起去"，这在岳父母听来就是你接纳了妻子的兴趣爱好，并愿意陪她一起去感受，而且还能想着老人，这就让他们放心了。

另一方面是你会为岳父岳母做些什么，比如你可以告诉他们你给他们买了什么、准备了什么，由你时不时提一提"爸妈过来住两天吧"或者是"爸妈我们去陪你们待几天吧"；或者你也可以从小辈的角度，用求教的方式，偶尔向岳父母寻求帮助，让他们感受到你的上进心。

孝心是要刻在我们骨子里的做人原则，孝心的培养其实更多的是体现在行动上，体现在上行下效上，我们对四位老人尽心尽力，孩子也将学会如何尽孝。孝心美德的传承，就很自然地在生活的点点滴滴中完成。这也同样是我们家风的传承，所以我们应该努力做好。

父亲教育就像盖房子，爸爸要做"顶梁柱"

本书通过"八堂课"，希望做爸爸的能够认清自己的身份与角色，能够在生活中明确自己要肩负的责任、承担的义务，能够成为家庭生活中必不可少的存在，做家庭的重要"顶梁柱"，做孩子成长过程中不可或缺的教育者。

教育是一件循序渐进的事，不论是妈妈也好，爸爸也好，又或者是老师也好，所有的教育者其实都要走过一个"从无到有"的过程，孩子的成长本身也是一个"从无到有"的过程。

妈妈的教育就好像是在写一本书，她从一张白纸开始落笔，从孕育生命到迎接生命，从养育生命到教育生命，妈妈会推敲很多小细节，孩子饿了困了、冷了热了，他开心了、害怕了，他学会了、忘记了，她会将它们都记录下来。一路的创作中，她会增加种种修饰，比如她会希望孩子是一个好孩子，希望他坚强与温柔并存，希望他勇敢与谨慎常在；同时她也会不断修改，出了问题她会点出来、不厌其烦地进行教育，有了进步她会不吝啬夸奖。

相比较妈妈的这种细腻感性，爸爸的教育会更为粗犷理性。

所以，爸爸的教育其实就相当于是在盖房子，需要打地基、架梁柱，需要添砖加瓦，需要涉及每一个不同的功能区，细致到每一根电线的走向，但同时又要兼顾多功能。每位爸爸都想要盖一座漂亮的房子，这房子不仅可以经受风吹雨打，还要能抵抗地震洪水，更要能发挥它应有的作用，所以爸爸的每一步设计都应该更费心思。

但遗憾的是，很多爸爸的教育却只盖了个房子，没有认真思考，也不去进行仔细设计，甚至认为"它应该自成一座房子，不需要我操心"。但这样的房子会稳固吗？答案显然是否定的。

想要盖好"房子"，爸爸们需要做好以下这几个步骤。

第一步，确定要盖一座什么样的"房子"。

我们到底要盖什么样的房子？是搭一间简易房，还是要盖一幢摩天大楼？是盖在大山深处，还是建在城市中心？是只要能住就行，还是要屹立不倒……身为爸爸，我们在开始教育孩子之前要进行深刻的思考，想想看你要培养一个怎样的孩子？你的教育目标是什么？

身为爸爸要有大格局。所谓格局，"格"就是人格，"局"就是气度胸怀。爸爸的格局会影响孩子的一生，所以如果爸爸拥有宽广的胸怀，那孩子自然也会有广阔的舞台；如果爸爸拥有良好的三观，那么孩子也将拥有相当的思想高度。

所以，爸爸的教育并不是一拍脑门就直接上，也不是按照妈妈的指示直接去做。爸爸应该对孩子的教育有深刻的思考，做好最基础的布局，为孩子展开一幅充满希望的未来设计蓝图，然后才可以动工。

第二步，认真"打地基"。

一座建筑能否稳固，全看地基是不是打得好。而教育孩子这座建筑要想盖起来，我们自然也要打好基础。

打地基的位置、环境一定要好，也就是说我们需要在家中创建一个适合展开教育、也适合孩子接受教育的有益的环境。比如，我们自己要认真学习，去了解孩子教育的基本内容，和家人进行良好沟通，以确定家中教育的统一原则和共同方向；我们也要创造一个和谐的生活环境，能带给孩子满满的正能量；我们还要让孩子感受到家中温暖、安全的氛围，让他能安心在这样的环境中自由成长。

这个环境的创造者自然就是爸爸妈妈，爸爸这个时候一定要起到一个重要"顶梁柱"的作用，家中环境到底如何，其实与我们的态度、观点、思想、行为等都有很大关联。我们要同妈妈一起为家庭环境的基调负起责任，要为良好家风建设起到重要作用。比如，我们要在家中实现明理、有志，实现家庭和睦，对长辈有感恩的心，对小辈有启蒙的责任，将自己继承的优良传统做好继续向下传承的准备。这样其实我们就是在夯实自己的家庭基业，同时也是在为顺利展开对孩子的教育夯下结实的地基。

第三步，准备合格的"建筑材料"。

如果使用了劣质建材，就很容易出现豆腐渣工程，危房危楼所带来的危害和隐患令人心惊。那么同样的道理，我们在教育孩子过程中要使用到的"建筑材料"，一定要是合格的材料，你若想要偷工减料，那你的教育就势必会变成豆腐渣工程。而且，如果说现实中一栋房子是豆腐渣工程，还可以推平重盖，但当你的教育是豆腐渣工程时，孩子已然被指引上了错误的道路，问题连连，想改都不好改了。

所以，我们要在"建筑材料"上多下功夫。教育中的"建筑材料"包括什么呢？包括我们自身的知识、能力、技能、思想、德行、习惯。我们是孩子人生的第一任老师，我们在提高自身本事的同时，也是在给孩子传递本事，正所谓"照亮孩子，照亮自己"。这样，孩子把这些"材料"拿去建设自己的人生大厦时才可能建造得稳固，我们也才能安心看他成长。

我们自己要进行自我检查：你在哪里还有欠缺？知识不够？去学就是了。能力不足？去找技巧练习就是了。思想方面有疙瘩？先解开自己在教育上的种种疑问再说。习惯还不算好？那就下决心在孩子也跟着你一起养成坏习惯之前，把自己扳正。你要明白，在教育孩子这件事上，不允许你出太多错误，如果你能少出错误，那么孩子就少走弯路，你所盖的建筑也会更稳固；否则孩子不会给你拆掉重建的机会的，一旦他彻底定型，那么一切就都晚了。

第四步，认真架好"梁柱"。

盖房子最重要的一个步骤就是架梁，相对应地，教育最重要的一个步骤就是给孩子端正人生原则。那他可参考的准则从哪里来？自然是从父母这里来。

可以说，绝大多数爸爸都会给孩子留下深刻的印象，尤其是他的三观、做人原则。

所以，我们这个上梁到底正不正，是不是在哪里有个蛀虫钻的小洞，是不是在哪里还有裂缝，如果我们不仔细检查，不进行整修，不去重新摆端正的话，那你很快就能看到一个跟你一模一样的"下梁"。

第五步，搭好"一砖一瓦"。

"梁柱"决定孩子的三观，那么"砖瓦"就是充实孩子成长的必要材料。孩子都要学会什么技能？要掌握什么能力？要学习什么知识？要进行怎样的练习？要有什么样的磨炼？需不需要经常动手实践？要不要有"走出去看一看"的必然经历？这些都是孩子成长中必不可少的教育内容。

但很多爸爸可能并不知道这些。有这样一个短视频：

> 妈妈要出差之前，跟爸爸"交接"带孩子的任务，
> 妈妈开始一项项数，比如爸爸要加入哪些群、下载哪些

APP，要记住哪些时间孩子上什么课、做什么事，还要记得和哪些老师联系，每天要给孩子进行哪些指导、检查，以及作为家长还要完成老师交代的哪些任务……爸爸最终只问了妈妈一句话："你什么时候回来？"

虽然这个视频看来有些搞笑，但不得不说，一些家庭的确就是这样一种状态，妈妈对与孩子有关的一切了如指掌，而爸爸却仿佛游离在状况之外。这是不行的，你既然要盖房子，怎么可能对砖瓦不熟悉？怎么可能对要做什么两眼一抹黑？我们理应和妈妈一样对孩子所学内容有详细的了解，对自己要做的事情能分得清，知道自己能做什么、应该做什么，这样才能熟练地去开展教育，而不至于你还要去问孩子"老师说什么了""你要做什么"，甚至是"我要做什么"。

第六步，随时进行必要的增减修改。

在建造建筑的过程中，你可能会遇到各种问题，虽然前面我们已经尽量防患于未然了，也有很大可能会出现"计划赶不上变化"的情况。更何况，教育也会根据时代发展而出现变化，那么相对应地，我们对孩子的教育也要跟得上时代的需求，跟得上学校要求的变化。

所以，不要觉得孩子已经开始上学了，觉得这个建筑已经盖了三分之一了，就可以轻松将建筑渐渐加高了，其实不然。我们必须要保持一种积极的紧张态度，时刻关注孩子自身有什么变化，关注周围社会环境有什么变化。

如果孩子出了什么问题，比如在外界环境影响下有了不好的习惯，不小心犯了个错误，那我们就得赶紧去重新建立培养好习惯的环境，就要尽快止损，补上那个错误带来的漏洞。

教育从来都不是一件轻松的事，就算你的孩子学成了，毕业了，有了工作，开始了独立生活，那你就放松了吗？回头看看你的父母，他们是不是依然怕你工作不顺利？是不是依然担心你过得不好？

人生就是这样一个奇妙的循环，我们总说人活到老学到老，其实教育也同理，孩子在不同阶段，我们就有不同的操心的方面。但一个基本原则是，前期工作你做得好，那后期你就会相对更轻松一些，所以说到底，我们还是要从"盖房子"的初期开始努力，从现在起好好精进自己的盖房技术，努力做一名优秀的建筑师，做一个孩子需要的好爸爸。

好爸爸的八堂课，不论哪一堂课，不论哪一节，不论哪一句话，如果你能从中有所启发，能有一些与之前不一样的感悟，那就太好了。

作为爸爸，改变未来的契机其实一直都握在我们自己手中，不论是孩子的未来、家庭的未来，还是我们自己的未来。开始做个真正的好爸爸，为时未晚，你的努力终将给你回报。

做个好爸爸，这是孩子的福气，更是你的福气！祝福你！